Yona

Unter demselben Mond

Yona

Unter demselben Mond

MIZUHO KUSANAGI TOUKO FUJITANI

TOKYOPOP®

TOKYOPOP GmbH
Hamburg

TOKYOPOP
1. Auflage, 2020
Deutsche Ausgabe/German Edition

Aus dem Japanischen von Miryll Ihrens

SHOSETSU AKATSUKI NO YONA ONAJI TSUKI NO SHITADE
Written by Touko Fujitani
based on an original story of Mizuho Kusanagi

First published in Japan in 2015 by HAKUSENSHA, INC., Tokyo.
German language translation rights arranged
with HAKUSENSHA, INC., Tokyo
through Tuttle-Mori Agency Inc., Tokyo.

Redaktion: Simone Meinecke
Lettering und Herstellung: Rita Geers
Umschlaggestaltung: Anja Winteroll
Druck und buchbinderische Verarbeitung:
CPI – Clausen & Bosse GmbH, Leck
Printed in Germany

MIX Papier FSC® C083411

Wir achten auf die Umwelt.
Dieses Produkt besteht aus FSC®-zertifizierten und anderen kontrollierten Materialien.

ISBN 978-3-8420-6824-7

www.tokyopop.de

Yona
Unter demselben Mond

Gija

Sein rechter Drachenarm verleiht ihm übermenschliche Kraft. Hat ein ernstes Gemüt.

Sinha

Seine Gegner werden gelähmt, wenn sie in seine Augen schauen. Er hat ein reines Herz.

Weißer Drache

Blauer Drache

Die vier Drachenkrieger

Die vier Krieger gehörten einst zum Gefolge des ersten Drachenkönigs Hiryu von Koka. Ihr Name beruht auf der Kraft der Drachen, die ihnen innewohnt und von Generationen zu Generation vererbt wird.

Grüner Drache

Jeaha

Dank der Drachenkraft in seinem rechten Bein ist er blitzschnell und verfügt über eine enorme Sprungkraft. Er ist ein Schürzenjäger, wie er im Buche steht.

Gelber Drache

Jeno

Die Natur seiner Drachenkraft ist noch unbekannt. Meist ist er unbekümmert, zeigt manchmal jedoch auch eine bissige Seite.

Su-won

Yonas Cousin. Nach dem Mord an König Il besteigt er den Thron von Koka, um das Königreich wieder zu alter Macht zu führen.

Ju-do

General des Himmelsklans, einer der fünf Klane des Königreichs Koka, und Su-wons Vertrauter.

Yona – Unter demselben Mond

Story & Charaktere

Prinzessin Yona vom Königreich Koka führt ein behütetes Leben im Palast ihres Vaters König Il. Doch in der Nacht zu ihrem sechzehnten Geburtstag wird sie durch einen Putsch ihres Cousins Su-won aus ihrem Zuhause vertrieben. Yona entschließt sich daraufhin, der Prophezeiung des Priesters Ik-su zu folgen und zu ihrem Schutz nach den vier legendären Drachenkriegern zu suchen. Gemeinsam mit ihrem Leibwächter Hak und ihrem Verbündeten Yun gelingt es ihr schließlich, die vier Drachen an ihrer Seite zu vereinen ...

Ao

Ein Eichhörnchen, das Sinha begleitet. Seine Laute klingen wie »Kwirk«.

Hak

Yonas Leibwächter. Einer der stärksten Krieger des Königreichs Koka, auch bekannt unter dem Namen »Raiju«*. Er flüchtet gemeinsam mit Yona, um sie zu beschützen.

Yona

Prinzessin des Königreichs Koka, die von den vier legendären Drachen begleitet wird. Obwohl sie aus dem Palast vertrieben wurde, setzt sie ihre Reise stetig fort, um ihr Land zu schützen.

Yun

Ein Junge, der beim Priester Ik-su Unterschlupf fand. Neben sämtlichen Hausarbeiten versteht er sich auch auf Heilkunde.

*»Donnerbestie«

Prolog

Die Erde, tief versunken in der Dunkelheit,
Soll wiederauferstehen durch das Blut der Drachen.
Folget dem Gelübde einer längst vergangenen Zeit,
Wenn zusammengerufen sind die vier Drachen.
Dann Schild und Schwert, des Königs Schutz, erwachen.
Und die Morgendämmerung erwirkt die Rückkehr des
Roten Drachen.

Diese Prophezeiung hatte Yun kurz nach seiner Begegnung mit Yona vernommen.

Damals hatte niemand außer Hak an ihrer Seite gestanden.

Nachdem die beiden nur mit dem nackten Leben aus dem Hiryu-Palast entkommen und vor den Schergen des Feuerklans geflohen waren, hatten Blessuren ihre Körper überzogen. Besonders Hak hatte schwere Verletzungen erlitten und nur noch schwach geatmet, als Yun die beiden am Fuß der Klippe gefunden hatte.

Wäre Yuns Behandlung nur etwas später gekommen, wäre Hak jetzt wohl nicht mehr am Leben.

»Ihr habt Hak-dono als Begleiter zur Seite. Aber wenn er der einzige bleibt, wird er sterben.«*

Bei der Verkündung dieser Worte durch den Priester Ik-su hatte Hak auf der Stelle vehement protestiert. Doch im Gegensatz zu ihm hatte Yona die Warnung sehr ernst genommen. Das hatte sogar Yun bei einem Blick in ihr Gesicht verstanden – obwohl er sie zu diesem Zeitpunkt erst kurz gekannt hatte. Ob sie Ik-sus absurden Ratschlag befolgen würde, war in jenem Moment jedoch noch nicht klar gewesen.

»Ihr braucht Verbündete. Begebt Euch auf die Suche nach den vier Drachenkriegern!«

*Anrede, die extremen Respekt ausdrückt

Diese waren jedoch eine Legende. Und somit hatten sie vor einer schier unmöglichen Aufgabe gestanden. Das zumindest war Yun als Erstes durch den Kopf gegangen. Doch es war Yona ernst damit gewesen, dass sie Hak nicht sterben lassen wollte.

Je näher Yun sie kennengelernt hatte, desto mehr hatte er begonnen zu glauben, dass es Yona gelingen würde, die vier Drachenkrieger zu versammeln.

Und genau so war es dann auch gekommen.

Yuns Blick fiel auf die Gruppe vor ihm, die wie immer munter schwatzend ihren Weg beschritt.

Mit ihm waren sie inzwischen zu siebt – oder besser gesagt: sieben Personen und ein Tier.

Auch das kleine wilde Eichhörnchen Ao alias Pukkyu war ein wertvolles Mitglied der Truppe. Yun erinnerte sich noch gut, wie Ao auf Kumjis Schiff in Awa die Seile durchgenagt hatte, mit denen Yona und er gefesselt worden waren.

Meistens frisst das Hörnchen uns aber einfach nur die Haare vom Kopf.

Als Yun bei diesem Gedanken einen Blick zur Seite warf, sah er den kleinen Nager, wie so oft mit vollen Backentaschen, mümmelnd auf Yonas Schulter sitzen.

Aber auch die vier legendären Drachen waren alles andere als gewöhnlich.

Der Weiße Drache Gija. Der Blaue Drache Sinha. Der Grüne Drache Jeaha. Und der Gelbe Drache Jeno, der erst vor Kurzem unverhofft zu ihnen gestoßen war. Sie alle verfügten über abnorme Kräfte, die sie wahrlich so stark wie tausend Mann machten. Allerdings veranstalteten sie tagtäglich ein Spektakel, welches selbst fahrende Schauspieler verblüfft hätte – in das leider auch immer Yona und die anderen verwickelt wurden. Noch dazu waren sie, abgesehen von Jeaha, allesamt ziemliche Einfaltspinsel.

Jeno scheint ja nicht einmal Kräfte zu haben. Er wirkt nicht gerade wie ein Krieger.

Dennoch hatten sie ihr erstes Ziel zweifellos erreicht.

Da sie nicht wussten, wie sie weiter vorgehen sollten, nachdem alle vier Drachen versammelt waren, mussten sie erneut Ik-su aufsuchen, um sich von ihm die Prophezeiung deuten zu lassen.

Ich frage mich, wer dieser König aus der Prophezeiung ist … Ist es etwa Yona? Oder der gegenwärtige König Su-won?

Ihr weiteres Vorgehen hing stark von der Auslegung der Prophezeiung ab.

»Sag mal, Yun, sehen die Wolken nicht bedenklich aus?«, fragte ihn jemand so unvermittelt, dass er zusammenzuckte.

Yona blickte ihn an. Als sie jedoch seine Reaktion bemerkte, sagte sie erschrocken: »Oh! Entschuldige. Warst du in Gedanken?«

»Nicht wirklich«, antwortete Yun. »Ich habe nur überlegt, was ich uns heute zum Abendessen zubereite. Aber du hast recht, da scheint sich wirklich etwas zusammenzubrauen. Wenn die Wolken nicht weiterziehen, werden wir wohl nass.«

Yun lief mit großen Schritten los, um Hak und den anderen Bescheid zu geben, während Yona zustimmend nickte und ihm mühelos folgte.

Bis vor nicht allzu langer Zeit hatte sie noch überhaupt keine Kraft, aber mittlerweile ist sie wirklich stark. Wie viele Anstrengungen hatte die Prinzessin auf ihrem bisherigen Weg schon auf sich nehmen müssen?

Obwohl Yun sie auf ihrer Reise begleitete, wusste er vermutlich nicht alles – womöglich tat dies nicht einmal Hak.

Als ich ihr das erste Mal begegnet bin, hielt ich sie lediglich für eine unbedarfte Prinzessin.

Mittlerweile war auch Yun entschlossen, sie mit ganzer Kraft zu unterstützen. Er schätzte sich glücklich, jemanden getroffen zu haben, der ihn so denken ließ.

Als er verstohlen zu ihr hinübersah, wehten ihre kurzen, roten Haare in einer sanften Brise. Hoffentlich würde sie ihr Haar eines Tages wieder wachsen lassen können.

Noch während Yun diese Gedanken beschäftigten, informierte er Hak und die anderen.

Ihr Ziel war das Tal in den Nördlichen Bergen im Reich des Windes.

Yona

Unter demselben Mond

Jeahas Beratung und Seelsorge

»Meint ihr nicht auch, dass wir die Zeit nutzen sollten?«, hallte Jeahas ernste Stimme durch die Höhle, in der sie Schutz vor dem Regen gesucht hatten.

Yun und die anderen, die sich gerade das Regenwasser aus Haar und Kleidung wrangen, hielten inne und sahen verwundert zu ihm auf. Sobald Jeaha sich sicher war, dass er die Aufmerksamkeit der gesamten Gruppe hatte, wies er mit einer eleganten Geste zum Höhleneingang und sagte: »Seht doch mal nach draußen. Dieser Wolkendecke nach zu urteilen, wird es noch eine ganze Weile regnen.«

»Ja, sieht ganz so aus. Also, was schwebt dir vor?«, sagte Yun, der dachte, es könne nicht schaden, sich den Vorschlag wenigstens anzuhören. Doch sobald er die Worte ausgesprochen hatte, wurde ihm auch schon klar, dass es vielleicht besser gewesen wäre, nicht nachzuhaken und Jeaha stattdessen einfach zu ignorieren.

Dabei wird doch bestimmt, wahrscheinlich, ganz sicher so gar nichts Gutes herumkommen.

Davon unbeeindruckt lächelte Jeaha, wobei sich seine hängenden Augenwinkel noch etwas weiter neigten, und sagte selbstgefällig: »Ich denke, wenn wir sowieso hier festsitzen, sollten wir die Gelegenheit für etwas nutzen, zu dem wir normalerweise nicht kommen.«

Für einen Moment herrschte absolute Stille.

Yona schien tatsächlich darüber nachzudenken. Sie neigte nachdenklich den Kopf und fragte dann schließlich: »Etwas, zu dem wir sonst nicht kommen …? Vielleicht ein Wortreihenspiel wie ›Buchstabenkette‹? Ein Spiel, bei dem man Hauptwörter finden muss, die jeweils mit dem Buchstaben beginnen, auf den das vorherige Wort endet?«

»Das ist nun wirklich nichts, was man so feierlich ankündigen müsste«, warf Yun in genervtem Tonfall ein.

Selbst in der dämmrigen Höhle sah man Gijas Augen hell aufblitzen, als er empört von hinten dazwischenrief: »Verstehst du denn nicht den Gedanken der Prinzessin? Jeaha hat gesagt, wir sollten die Zeit nutzen. Gerade weil wir so etwas normalerweise nicht machen, sollten wir es jetzt tun!«

»Ein Wortreihenspiel? Wozu?«

»Wie? Na, um … um unsere Kameradschaft zu vertiefen!«

»Gut, das klingt einleuchtend. Aber was machen wir mit Sinha?«, merkte Yun an.

Darauf wusste Gija auch keine Antwort.

Sinha war der Einzige in ihrer turbulenten Gruppe, der für gewöhnlich nur sehr selten den Mund aufmachte. Sie konnten sich zwar miteinander verständigen, aber ein Wortreihenspiel war vollkommen undenkbar.

Oh, vielleicht sollten wir aber erst mal ihn selbst nach seiner Meinung fragen … ?

Yun warf einen flüchtigen Blick zum Höhleneingang, von dem aus dieser, immer noch sein Fell auswringend, zu ihm herübersah. Seine Ohren waren gut, also hatte er ihr Gespräch sicher mitgehört.

Als sich ihre Blicke durch Sinhas Maske kreuzten, schüttelte dieser nur stumm den Kopf.

Yun wollte den anderen gerade mitteilen, dass aus dem Vorhaben nichts werden würde, da piepste Ao: Kwirk

Das Tier sprang von Sinhas Schulter und flitzte zu Yona.

»Seht ihr, alles in Ordnung, Ao kann für Sinha einspringen«, freute sich die Prinzessin, während sie den Nager auf ihre Hand springen ließ und Yun anlächelte.

»Du weißt aber schon, dass dann derjenige vor Ao immer auf ›K‹ enden muss?«

»Oje! Das macht es gleich auf Anhieb schwieriger«, stöhnte Gija mit gerunzelter Stirn.

Jeno hingegen tönte fröhlich: »Zerbrich dir doch nicht den Kopf über Details. Wenn wir alldieweil einfach loslegen, wird's schon irgendwie werden.«

»Stimmt, du hast recht!«

»Manchmal sagst du richtig schlaue Sachen.«

Moment mal, es ist doch noch gar nichts geklärt?!

Yun wollte sich schon in Yonas und Gijas albernes Gerede einmischen, als plötzlich Jeno seine Hand hob und äußerst vergnügt rief: »Gut, ich fange alldieweil an! Beginnen wir mit ›K‹. Ich sage ›kabbeln‹!«

»Ups, und schon ist es vorbei.«

»Lass uns doch zumindest eine ganze Runde spielen! Das ist doch kein Hauptwort! Und wieso fängst du überhaupt mit ›K‹ an?«, fuhr Yun dazwischen. Er fühlte sich mit einem Mal sehr ausgelaugt und ließ sich auf eine der Decken fallen, die sie auf dem Höhlenboden ausgebreitet hatten.

Hak hatte von der gegenüberliegenden Seite der Höhle die Szenerie bisher nur stumm beobachtet. Doch nach diesem absurden Wortwechsel schien er ebenfalls etwas sagen zu wollen. Behände löste er sich von der Wand, gegen die er sich gelehnt hatte, und baute sich mit einem tiefen Seufzer vor Yona auf.

»Wir frieren doch hier sowieso schon, könntet Ihr vielleicht aufhören, die Temperatur noch weiter zu senken?«

Yun war ganz seiner Meinung, aber es war schließlich Yona, zu der Hak sprach.

Wie erwartet verstand sie die Anspielung nicht, sondern sah ihren Beschützer lediglich mit ungetrübtem Blick an und fragte verdutzt: »Warum sollte dadurch denn die Temperatur sinken?«

»Du lieber Himmel! Wenn man das noch erklären muss, wird's nur noch schlimmer …«, rief Yun, der mittlerweile mit seiner Geduld am Ende war, und starrte den Verursacher des Tumults finster an.

Jeaha hatte bislang nur unbeteiligt zugesehen und sich dabei vor Lachen den Bauch gehalten.

»Hey, Jeaha, tu doch was! Schließlich stecken wir nur in dieser Situation, weil du immer so schwammige Formulierungen benutzt …«

»Stimmt wohl … He he, aber das Schauspiel war so unglaublich entzückend, hi hi, wäre einfach zu schade gewesen, es zu unterbrechen …«

»Ich will keine Rechtfertigung hören. Und wenn du dir nicht sofort das Lachen verkneifst, lass ich dir von Raiju das Fell gerben!«

»Oh, nicht doch, das wäre aber unangenehm«, entgegnete ihm Jeaha und stellte abrupt sein Lachen ein, bevor Hak noch etwas dazu sagen konnte.

»Also, was ist es nun, für das wir normalerweise keine Zeit haben?«, fragte Yun. Nicht nur er, auch die anderen sahen den Grünen Drachen erwartungsvoll an.

Sinha hatte inzwischen den Regen bestmöglich aus seinem Fell gewrungen und kam schweigend zu ihnen herüber. Allein Hak lehnte sich wieder an die Wand und hielt seine durchdringenden Augen gesenkt.

Jeaha warf ihm einen amüsierten Blick zu und schwang dann ruckartig seine Arme in die Höhe.

»Eine Gemeinschaft von jungen Menschen! Es muss doch etwas geben, was euch beschäftigt! Ich würde sogar sagen, es wäre seltsam, wenn es da nichts gäbe! Und Probleme sollten möglichst schnell gelöst werden!«

Jeaha würde nie zum Punkt kommen, wenn Yun ständig dazwischenredete. Also biss er sich auf die Zunge und animierte ihn widerwillig, fortzufahren. »Und?«

Jeaha nickte bedeutungsvoll und verkündete dann laut: »Daher eröffne ich hiermit feierlich die erste Sitzung von ›Jeahas Beratung und Seelsorge‹.«

Tschak

Yun realisierte nicht sofort, was geschehen war.

Hak hatte seine Glefe geschwungen und Jeaha war flink ausgewichen. Yun hatte reflexartig die Augen zusammengekniffen. Als er sie nun wieder öffnete, sah er die Klingenspitze in der Wand stecken – direkt neben Jeahas Kopf.

»Verschone uns! Sonst wird's hier drinnen erst recht frostig ...«, knurrte Hak.

»Tatsächlich? Ich hatte gedacht, meine glühende Rede würde uns ordentlich einheizen«, entgegnete ihm Jeaha.

Sie grinsten einander herausfordernd an.

Hilfesuchend sah Yun zu Yona, die neben ihm stand. Für gewöhnlich wies sie die beiden in solchen Situationen zurecht, doch jetzt runzelte sie nur die Stirn.

»Yona, was beschäftigt dich?«

»Meinst du damit so eine Art Kummerkasten, Jeaha?«, fragte sie so ernsthaft, dass Yun nach Luft schnappte.

Das vage Lächeln war aus Yonas Gesicht verschwunden und ihre Augen leuchteten entschlossen.

»Ich glaube schon, dass beim Zusammenleben immer mal ein paar Unzufriedenheiten auftreten können. Und selbst wenn dem nicht so ist, falls ihr irgendwelchen anderen Kummer habt, möchte ich es auch hören und ihn, wenn möglich, mit euch gemeinsam lindern.«

Auf Yonas Worte hin kehrte Stille in der Höhle ein. Als sie jeden von ihnen der Reihe nach ansah, hielt Yun unwillkürlich den Atem an.

»Du hast sie gehört. Was machst du nun, Hak?«, sagte Jeaha triumphierend. Wahrscheinlich war genau das seine Absicht gewesen.

»Als ob ich da gerade irgendwas ausrichten könnte«, entgegnete dieser seufzend. Er legte sich seine Glefe über die Schulter und zog sich wieder an die Wand zurück.

»Tja, da ist wohl was dran«, murmelte Yun zu sich. Wenn sich Yona erst einmal zu etwas entschlossen hatte, rückte sie nicht mehr davon ab. Das wussten alle Anwesenden nur zu gut.

»Also, wer fängt an?«, fragte Yun daher in die Runde.

Sofort antwortete Jeaha: »Ganz klar! Entweder Hak, der von seinen weltlichen Begierden gebeutelt wird, oder Gija, der in der Blüte seiner Jugend steht.«

»Sprichst du da nicht gerade von dir selbst? Na ja, was du über die Weiße Schlange gesagt hast, ist allerdings nicht zu leugnen …«, raunte Hak.

Yun befürchtete schon, dass sie erneut mit einem Wortgefecht beginnen würden. Doch als sich Hak zur Seite wandte, erstarrte er auf der Stelle und stieß ein überraschtes »Huch?« aus.

Yun folgte verwundert seinem Blick und sah Gija wahre Sturzbäche von Tränen vergießen.

»Woah?! Hey, Gija, was ist denn mit dir los?«

»Die Güte der Prinzessin … berührt mich zutiefst …«

»Ach, Gija, du übertreibst!«, kicherte Yona.

Daraufhin heulte dieser nur noch mehr. Die Ergriffenheit stand ihm ins Gesicht geschrieben. Er versuchte, etwas zu sagen, doch bei seinem Schluchzen war kein Wort mehr zu verstehen.

Yun räusperte und erhob sich, bevor er den Blick erneut zwischen seinen Kameraden schweifen ließ.

»Na, sonst keiner?«

»Kummer, Kummer, hmm …«

Unerwartet war es Jeno, der als Erster reagierte. Die Arme verschränkt und die Stirn gerunzelt, war er mit ungewöhnlich ernster Miene tief in Gedanken versunken.

»Ah, ich weiß was!«, rief er. Überschwänglich klatschte er die Hände zusammen und blickte jäh auf.

Selbst der schniefende Gija lauschte gespannt, was er zu sagen hatte.

»Der Blaue Drache …«

Was, Sinha?!, dachte Yun und riss ob dieser abermals unerwarteten Wendung die Augen auf.

Es war schon eine Überraschung, dass Jeno – ein Inbegriff an Sorglosigkeit – Kummer zu haben schien. Aber dass ausgerechnet Sinha, der Harmloseste von ihnen, etwas damit zu tun haben sollte …

Inmitten dieser befremdlichen Atmosphäre sagte Jeno todernst: »Warum ist das Plüschfell des Blauen Drachen so flauschig?«

In diesem Augenblick schien die Zeit stillzustehen.

Yun klappte stumm seinen Mund auf und dann langsam wieder zu.

»Also, weißt du …«, setzte Jeaha oberlehrerhaft an. Offenbar wollte er sich wirklich der Angelegenheit annehmen, aber seine Stimme zitterte vor unterdrücktem Lachen. »Das ist kein Kummer, das ist eine Frage!«

»Wie jeder hier gehört hat!«, platzte Yun laut dazwischen.

Hinter ihm murmelte Hak: »Verstehe. So etwas geht also auch …«

Oje, ich habe ein ungutes Gefühl.

Yun hoffte, sich zu irren, aber seine Vorahnung traf voll ins Schwarze.

Hak hob lässig eine Hand und sagte mit gewichtiger Miene: »Es nervt, dass sich ein gewisser Perversling manchmal wie unser älterer Bruder aufführt, nur um hervorzuheben, dass er der Älteste ist.«

»Mhm, auch das ist kein Kummer, sondern eine Beschwerde.«

Zwischen Hak und Jeaha schienen unsichtbare Blitze zu fliegen. Yun seufzte einmal mehr. Eine Sorgenberatung schien in dieser Runde tatsächlich ein Ding der Unmöglichkeit zu sein. Es war wohl nicht jedem von ihnen gleichermaßen bewusst, aber eine ernsthafte Unterhaltung zu führen, schien undenkbar.

Yona hingegen war immer noch hochmotiviert und wandte sich mit Ao zu Sinha um.

»Was ist mit dir, Sinha? Bedrückt dich irgendetwas?«

Sinha legte nur fragend den Kopf zur Seite.

Gija, der sich inzwischen wieder gefasst hatte, kam Yona eifrig zur Hilfe: »Hörst du, die Prinzessin sorgt sich um dich. Du kannst ganz ohne Zurückhaltung sagen, was du denkst.«

»Was mich bedrückt …?«, erklang Sinhas selten erklingende Stimme, wenn auch nur extrem leise.

Gija lächelte freudig und nickte ihm ermutigend zu.

»Ja?«, sagte Yona und wartete geduldig darauf, dass er weitersprach.

»Ao …«

Kwirk, machte das Tierchen auf Yonas Schulter, als würde es auf seinen Namen reagieren.

»Ich glaube … Ao ist ein bisschen dick geworden …«

»Oh, das ist allerdings ein Problem«, sagte Yun und erkannte damit an, dass es sich hier um eine ernste Angelegenheit handelte, die einer Beratung bedurfte.

»Das stimmt. Plötzlich zuzunehmen kann eine Belastung für den Körper sein«, bestätigte auch Yona mit besorgter Miene und strich mit der Fingerspitze sanft über Aos Fell. »Wir müssen alle ein Auge auf sie haben. Es ist so niedlich, wie sie sich die Backen vollstopft, dass ich ihr immer wieder was zustecke …«

»Und während du das sagst, kaut sie gerade auf deinen Haaren rum, weißt du?«

Man durfte sich bei diesem Eichhörnchen nicht die kleinste Unachtsamkeit erlauben. Yun hob Ao von Yonas Schulter und schimpfte den Nager aus.

»Genau wie Drachen muss man auch Eichhörnchen erziehen, sonst machen sie nur Ärger …«

»Ist es das, was dir Sorgen bereitet, Yun?«, fragte Yona und sah ihm so unverwandt ins Gesicht, dass dieser schlucken musste.

Sie ist so nah! Dagegen bin ich machtlos!

Yun hatte mehr als genug Klagen, aber er genierte sich, sie offen auszusprechen.

»Wenn ich etwas sagen muss …«, begann Yun und wählte seine Worte bewusst ausweichend, »Es bedrückt mich, dass in letzter Zeit immer mehr in Vergessenheit zu geraten scheint, dass ich ein hübscher ›Junge‹ bin.«

»Das haben wir nicht vergessen.«

»Doch, habt ihr«, erwiderte er prompt, aber seine wahren Gefühle konnte er Yona nicht begreiflich machen.

Als Yun einen tiefen Seufzer ausstieß, sagte Jeaha mit wissender Miene: »Du willst damit sagen, dass auch schöne Menschen ein Geschlecht haben.«

Natürlich war es der wollüstige Drache, der gleich verstand, worauf Yun hinauswollte. Um schnell das Thema zu wechseln, bevor es noch unangenehm wurde, wandte sich Yun an Gija, der mit vollkommen ernstem Gesicht nachdenklich vor sich hin brummte. Doch Yun brauchte gar nichts zu sagen, denn Gija hatte bereits selbst bemerkt, dass er noch keinen Kummer offenbart hatte, und schien zu denken, dass auch er etwas sagen müsse.

Wenn ich ihn jetzt sich selbst überlasse, macht er sich noch ganz verrückt …, überlegte Yun, während Gija unaufhörlich brummte. *Ich sollte ihm wohl besser zu Hilfe kommen.*

»Gija, du hältst für gewöhnlich mit deinen Sorgen auch nicht wirklich hinterm Berg. Vielleicht hast du einfach schon alles zur Sprache gebracht?«, fragte Yun.

»Wie?«, machte Yona überrascht. »Ist das so …?«

»Ja, du hast Gija doch bestimmt auch schon mal jammern gehört, dass er Angst vor Insekten hat oder so«, antwortete Yun und führte ein Beispiel an, um überzeugender zu wirken.

Aber für Gija schien dies eine ernste Anschuldigung zu sein. Er stieß einen stummen Schrei aus und protestierte heftig: »I … I … Ich habe nie gesagt, dass ich Angst vor ihnen habe!«

Als Gija sich mit so scheinheiliger Tapferkeit brüstete, grinste Hak breit und sagte: »Weiße Schlange, da krabbelt ein Tausendfüßler an deinen Füßen …«

»Aaah?! Bleib bloß weg von mir!«

Während Gija wild zappelte, sah sich Yona seelenruhig auf dem Boden um. Schließlich blickte sie wieder hoch, plusterte ihre Wangen wie Ao auf und funkelte Hak böse an.

»Mensch, Hak, da ist doch gar kein Tausendfüßler!«

»Oh, Verzeihung, da habe ich mich wohl verguckt«, entschuldigte sich dieser, grinste aber immer noch schelmisch. Es war offensichtlich, dass er Gija auf den Arm genommen hatte.

»Gut, gut! Schluss mit dem Gezeter. In dieser Höhle hallen unsere Stimmen ohnehin schon.«, fuhr Yun dazwischen.

»Oh! Prinzessin, mir ist etwas eingefallen!«, rief Gija mit seinem wie üblich schlechten Timing und zuckte zusammen, als Yun schimpfte: »Ich sagte doch gerade, nicht so herumschreien!«

»E … Entschuldige. Es war keine Absicht.«

»Natürlich nicht. Sonst würde ich dich auch fesseln und aus der Höhle werfen.«

»Was?! Wie beneidenswert! Solche Vorzüge genießt er?«, mischte sich Jeaha ein.

Diese Aussage war mal wieder so typisch für ihn, dass Yun ihn schroff anfuhr: »Mach Sitz, Perversling!«

Das ist eigentlich nichts anderes als sonst auch, fluchte Yun in Gedanken, während er sich allmählich schwindlig fühlte. Es war Jeaha gewesen, der diese Seelsorge vorgeschlagen hatte, aber er schien gar nicht in Erwägung zu ziehen, selbst das Gespräch zu führen. Im Wesentlichen war es Yun, der es durch seine Bemerkungen in Gang hielt. Es hing offenbar ganz von ihm ab, ob sie diesen Moment gut nutzten oder nicht.

»Na ja, die Sitzung einfach ergebnislos zu schließen, wäre auch eine Option ...«, murmelte Yun kaum hörbar.

»Yun? Hast du etwas gesagt?«, fragte Yona besorgt.

Der Gedanke an sie ließ ihn zögern. Er fasste Mut, das Gespräch wieder ins Rollen zu bringen.

»Alles in Ordnung, Yona. Außerdem sollten wir uns jetzt erst mal Gijas Sorgen anhören.«

Als der Weiße Drache seinen Namen hörte, rollte er sich plötzlich am Boden zusammen.

»Fällt es dir etwa so schwer, es auszusprechen?«, fragte Yun, aber dieser schüttelte lediglich wortlos den Kopf.

»Verstehe ... Wenn wir es nicht hören sollen, dann sag es doch nur Yona im Vertrauen.«

»Nein, eigentlich solltest gerade du es hören, Yun«, entgegnete Gija.

»Nanu?«, sagte Yun überrascht und richtete sich auf.

Wenn er es nicht Yona, sondern ausgerechnet ihm erzählen wollte, musste es wohl um eine Verletzung oder Krankheit gehen ...

Hak und die anderen hatten diese Möglichkeit wohl ebenfalls erkannt, denn sie sahen ihn durchdringend an.

»Weißt du ... es tut immer so weh ...«

»Wo tut's denn weh? Was für ein Schmerz ist es?«

»Es fühlt sich an, als würde es mir die Brust zusammenschnüren. Was ist das für eine Krankheit?«

»Das sind zu wenige Informationen, um etwas sagen zu können. Wann treten die Schmerzen denn auf?«, fragte Yun ernst, während er Gija eine Hand auf das laut klopfende Herz legte. Er wollte weder etwas sagen, was ihn einfach beruhigt hätte, noch ihm unbegründet Angst einjagen.

Gija überlegte kurz und antwortete dann gewissenhaft: »Wenn ich das lächelnde Gesicht der Prinzessin erblicke.«

»Bitte was …?«

»Wenn ich das Lächeln der Prinzessin sehe, bin ich zwar glücklich, aber manchmal schmerzt dann auch irgendwie meine Brust.«

Yun fühlte sich erschöpft. Resigniert sah er Gija an. »Ah, diese unheilbare Krankheit also.«

»Wa…?! Eine unheilbare … Krankheit …? Heißt das, ich kann die Prinzessin nicht mehr begleiten?«

Nachdem er gerade erfahren hatte, dass er krank war, war das also die erste Sache, um die er sich sorgte. Halb frustriert, halb beeindruckt starrte Yun ihn an.

Da nahm Yona sanft Gijas Hand und lächelte beruhigend.

»Keine Sorge, Gija. Yun wird bestimmt ein Heilmittel finden.«

»P… Prinzessin! Eure Worte allein machen mich … machen mich … Uargh!« Gequält griff Gija sich an die Brust und brach zusammen.

»Gija?! Was sollen wir tun, Yun …?« Yona hielt immer noch Gijas Hand und wandte sich mit flackerndem Blick an Yun.

»Yona, belassen wir es dabei. Gija wird nun zum Himmel hinaufsteigen.«

»Ist es so schlimm?! Oh, aber … er sieht irgendwie glücklich aus.«

Yun spähte über Yonas Schulter in Gijas komatöses Gesicht, das so zufrieden wirkte wie nur irgend möglich.

»Er wirkt, als wäre er vollkommen mit sich im Reinen.«

»Ob der Weiße Drache von Essen träumt?«

»Meine Güte, so viel Lärm um nichts …«

Hinter Yun waren Jeaha, Jeno und Hak aufgetaucht, die ihre Meinungen zum Besten gaben. Sinha dagegen zog, immer noch schweigend, eine Decke aus seinem Reisesack.

»Du bist so lieb, Sinha«, sagte Yona und lächelte ihn an, während sie ihm dabei half, Gija zuzudecken.

Die Szene war so herzerwärmend, dass Yun erleichtert ausatmete. Als er einen Blick nach draußen warf, schien es etwas aufzuklaren. Nur noch vereinzelte Tropfen platschten in die Pfützen. Vermutlich würden sie die Höhle bald verlassen können.

»Übrigens haben wir noch gar nichts von deinem Kummer gehört, Jeaha«, merkte Yona an.

»Was, von mir?«, fragte dieser mit ungewöhnlich bebender Stimme. Da er selbst die Beratung angeboten hatte, hatte er offensichtlich nicht erwartet, dass man die Frage auch an ihn richten würde.

»Hast du keinen? Du kannst uns alles sagen.«

»Wirklich alles?«

»Natürlich!«, antwortete Yona und klopfte sich auf die Brust.

Da ergriff Jeaha Yonas Hand, zog sie hoch und zur allgemeinen Überraschung in seine Arme.

»Jeaha …? Was ist denn?«

»Ehrlich gesagt, bin ich womöglich auch krank.«

Ah, ich weiß genau, was jetzt kommt, dachte Yun, der eine schnelle Auffassungsgabe hatte. Er konnte voraussehen, was geschehen

würde. Vorsorglich entfernte er sich daher ein Stück von den anderen, um vor Raijus Angriff in Deckung zu gehen.

»Oh nein! Yun muss sich das sofort ...«

... ansehen, wollte sie wohl sagen, doch bevor sie ihren Satz beenden konnte, legte Jeaha sacht seinen Finger auf ihre Lippen.

»Das wird nicht nötig sein«, seufzte Jeaha und schüttelte theatralisch den Kopf.

Yona blinzelte verdutzt, als sich sein Gesicht weiter näherte.

»Denn ... du bist die Einzige auf der ganzen Welt, die meine Krankheit heilen kann.«

Swusch

Obwohl Yun etwas abseits saß, flatterten seine Haare heftig in dem Windstoß voller Mordlust.

Als er ängstlich den Blick zur Seite wandte, entdeckte er die Klinge von Haks Glefe genau an Jeahas Nacken.

»Ein bisschen langsam, deine Reaktion, bist du eingerostet?«, feixte Jeaha provokativ.

Mit einem Lächeln, das so grimmig wie seine matt glänzende Klinge war, erwiderte Hak: »Ich dachte mir, im entscheidenden Moment würde ich dich schon stoppen.«

Yun wagte es nicht, sich einzumischen, und schlang stattdessen nur die Arme um seinen zitternden Körper.

»Alldieweil, ihr macht der Prinzessin ja Angst«, warf Jeno in gewohnt unbekümmertem Tonfall ein und löste damit die angespannte Stimmung.

Yona wich überrascht vor Jeaha zurück. Mit klaren Augen blickte sie zwischen ihm und Hak hin und her, bis sie nach einer Weile sagte: »Du glaubst, ich kann deine und Gijas Krankheit heilen?«

»Prinzessin, nehmt das doch bitte nicht ernst. Das war nur ein Scherz.«

»Das sagst du zwar, aber du bist doch selbst davon betroffen, Hak.«

Jeaha lachte glucksend, doch Yona setzte ein noch ernsteres Gesicht auf. »Ist diese Krankheit etwa ansteckend …?«

»Als ob! Die beiden sind einfach nur Erotomanen«, rief Hak, erbost darüber, mit den beiden in einen Topf geworfen zu werden, und rammte seine Glefe in den Boden.

Doch Yona verstand seine Bemerkung nicht und fragte verwirrt: »Was ist denn das für eine Krankheit?«

»Das heißt, man hat den Kopf voller Fantasien.«

»Hey, lass das! Erzähl Yona nicht mit ernster Miene solche Lügen.«

»Ach, nerv nicht! In deinem Kopf herrscht doch das ganze Jahr Festtagsstimmung.«

Hak und Jeaha begannen zu zanken und kümmerten sich nicht mehr um Yona.

Jeaha, der sich sonst gern wie der Reifere aufführte, gab kein Stück nach.

Yun zwang sich, mit tauben Beinen aufzustehen, und tippte Yona auf die Schulter.

»In jedem Fall bedeutet es, dass sie Idioten sind. Der Regen hat aufgehört, lass uns aufbrechen.«

»Ja, gut …«, sagte Yona. Sie wirkte verstört, erhob sich aber langsam.

»Was machen wir mit dem Weißen Drachen? Soll Jeno ihn tragen?«

»Jeno müsste ihn hinter sich herziehen. Wenn er nicht aufwacht, kann sich vielleicht Sinha um ihn kümmern?«

Kwirk, quiekte Ao und Sinha nickte kräftig.

Blieben nur noch Hak und Jeaha. Wenn sie die beiden in der Höhle zurückließen, würden sie ihnen schon folgen …

Als sich Yun ungeduldig umdrehte, ging Yona gerade auf die beiden zu.

»Jeaha, hast du noch andere Sorgen?«

»Hm? Sollte ich etwa mehrere haben?«, scherzte Jeaha.

»Nein«, antwortete Yona leise. »Falls ich mich irre, tut es mir leid, dass ich so aufdringlich bin. Ich hatte nur den Eindruck, dass du den Vorschlag mit der Seelsorge vielleicht gemacht hast, weil dich selbst etwas bedrückt.«

Jeahas Schultern bebten leicht, als hätte sie ins Schwarze getroffen. Sie sahen einander für ein paar Sekunden lang an, bis er seine grünen Augen abwandte.

»Nun ja. Zumindest tut mir dank einiger Personen der Bauch weh, weil ich so sehr lachen musste«, sagte Jeaha breit grinsend zu Yona.

Es war ein perfektes Lächeln, das kein weiteres Nachfragen zuließ.

Als sie die Höhle verließen, strich sanft der Wind über Yuns Wangen.

Weiter vorn zog Hak schon wieder Gija auf, der noch rechtzeitig aufgewacht war.

Während Yun die beiden geistesabwesend beobachtete, fragte er Jeaha, der neben ihm ging: »Eigentlich wolltest du hören, was Yona bedrückt, oder?«

»Es war nur ein Vorschlag aus einem spontanen Einfall heraus.

Denkst du denn, dass Yona uns ehrlich erzählen würde, wenn sie Sorgen hätte?«, entgegnete dieser ihm, ohne ins Stocken zu geraten, als hätte er sich die Antwort schon zurechtgelegt.

Etwas hielt Yun davon ab, die Frage direkt zu bejahen, auch wenn er nicht recht sagen konnte, was es war. Also brummte er nur vage und schwieg dann.

Nach einer Weile ergriff Jeaha erneut das Wort. »Wirklich eine amüsante Truppe.«

Er schien die Worte mehr an sich selbst, als an jemand Bestimmtes zu richten.

Natürlich musste ihm bewusst sein, dass Yun ihn gehört hatte. Da er es dennoch ausgesprochen hatte, brach Yun sein Schweigen. »Das ist auch gut so. Für den Moment …«

In dieser Nacht sollte Yun die tiefere Bedeutung dieser Worte erkennen.

Yona

Unter demselben Mond

Unter demselben Mond

1.

»Diese Speise sehe ich zum ersten Mal.«

Su-won schlenderte allein durch die Straßen der Burgstadt, als eine vertraute Stimme an sein Ohr drang.

Eine wohlklingende, sanfte Stimme.

Reflexartig drehte er sich nach ihr um.

Doch hinter ihm stand nicht das Mädchen aus seiner Erinnerung …

Sie musste etwa fünf oder sechs Jahre alt sein. Ihr schulterlanges, glattes Haar glänzte schwarz. Sie hielt einen Jungen an der Hand, der ihr großer Bruder sein mochte, und betrachtete mit leuchtenden Augen die aufgereihten Waren an einem Stand.

Natürlich ist sie es nicht, sie kann unmöglich hier sein.

Es war vollkommen ausgeschlossen. Unter keinen Umständen würde sie die königliche Hauptstadt betreten. Und falls doch, wäre das …

»Brüderchen, wo sind Papa und Mama?«

Eine glockenhelle Stimme unterbrach Su-wons Gedankengang. Es war die Stimme des Mädchens.

Widerstrebend löste sie den Blick von den Klößchen aus Reismehl, die sie sehnsüchtig betrachtet hatte, und sah ihren Bruder besorgt an.

»Hm? Ähm, irgendwo da drüben, glaube ich«, antwortete der Junge und machte dann plötzlich ein erschrockenes Gesicht.

Es war schwer zu sagen, ob das Mädchen sein Entsetzen wahrgenommen hatte, doch sie musste am Verhalten ihres Bruders erkannt haben, dass etwas nicht stimmte. Ihre Stimme klang mit einem Mal weinerlich. »Haben wir uns verlaufen?«

»K … Keine Sorge! Für solche Situationen haben wir doch einen Treffpunkt abgemacht.«

Su-won brummte nachdenklich, während er ihr Gespräch verfolgte.

Ob es stimmte, dass sie mit den Eltern im Voraus einen Treffpunkt vereinbart hatten, wie der Junge behauptete? Falls es nur eine Notlüge war, um seine kleine Schwester zu beruhigen, wirkte er jedenfalls erstaunlich ruhig.

Das Problem war jedoch, dass sie nicht zu wissen schienen, wo sie waren.

Also, was mache ich jetzt?

Während Su-won seinen Umhang zurechtzupfte, sah er sich unauffällig in der Gegend um und spitzte die Ohren. So früh am Morgen befanden sich nur wenige Menschen auf den Straßen. Hätte sich ein charakteristischer Stechschritt unter die Geräusche gemischt, würde er es sofort heraushören.

Glücklicherweise näherten sich gerade keine Soldatenstiefel.

Aber es ist nur eine Frage der Zeit, bis er mich findet.

Schließlich war sein Häscher niemand anderes als General Hang.

Als Anführer des Himmelsklans und einer der fünf Generäle war er selbstverständlich in den Kampfkünsten bewandert, aber er verfügte auch über einen scharfen Verstand. Zudem war er der Inbegriff der Dienstbeflissenheit.

Bestimmt hat er gerade wieder eine tiefe Zornesfalte zwischen den Augenbrauen.

Wie oft hatte er schon so mit General Hang Verstecken gespielt?

Dem General war bestens bekannt, wie geschickt Su-won im Umgang mit dem Schwert war. Er sollte also wissen, dass er ihn durchaus in Ruhe eine Stunde in die Burgstadt gehen lassen konnte, ohne dass es zu ernsthaften Problemen kommen würde.

Da fällt mir ein, damals bin ich auch an dem Stand mit den Klößchen vorbeigekommen.

Seinerzeit war Hang noch Kommandeur der königlichen Leibgarde und Su-won neun Jahre alt gewesen. Es hatte einen kleinen Tumult gegeben. Dabei hatte sich Su-won weder versteckt, noch war er allein gewesen. Denn »er« und »sie« hatten an seiner Seite gestanden.

❊

An jenem Tag hatte Su-won Yona gemeinsam mit Hak heimlich in die Burgstadt entführt.

Ihm war zu Ohren gekommen, dass sie diese immer nur von den Palastfenstern aus hatte sehen können.

Da just zu der Zeit die fünf Klane eine Versammlung abgehalten hatten, war es auf den Straßen der Stadt noch lebhafter zugegangen als üblich.

»Du, Hak, was ist das da?«, hatte Yona von ihrem Platz auf Haks Schultern gefragt und auf etwas gedeutet, dessen aromatischer Duft sie gelockt haben musste.

In einem flachen Topf waren kleine Klößchen in Öl geschwommen. Es waren die gleichen frittierten Klößchen gewesen.

»Willst du probieren?«, hatte Su-won gefragt, der wusste, wie neugierig Yona war.

Für einen Moment hatte sie gezögert, doch dann gemurmelt: »Ich darf nicht davon essen …! Wir haben ja keinen Vorkoster dabei. Vater würde mich ausschimpfen.«

Dennoch hatte sie den Blick nicht von dem Topf gelöst.

»Dann stelle ich sicher, dass kein Gift darin ist!«, hatte Hak prompt gesagt.

Auch wenn er Yonas Gesichtsausdruck nicht hatte sehen können, hatte er allein an ihrem Tonfall erkannt, was sie wirklich wollte.

»In Fuga gibt es sehr viele Kinder.«

Su-won hatte wieder Haks Worte im Ohr.

Als er die kleine Yona auf die Schultern gehoben hatte, damit sie zwischen den Erwachsenen die Auslagen betrachten konnte; als er wie selbstverständlich die Hand nach Su-won ausgestreckt hatte, als der im Gedränge stecken geblieben war – Hak war ihnen beiden wahrhaftig wie ein großer Bruder gewesen.

Vielleicht lag es an der Region, in der er aufgewachsen war, vielleicht war es auch seine Natur. Schon damals war Hak so großherzig gewesen, dass man kaum glauben konnte, dass er im gleichen Alter wie Su-won war.

Als sich der Aufruhr um Yonas Ausflug an diesem Abend gelegt hatte, hatte er in einem Winkel des Palastes mit Hak gesprochen. Er erinnerte sich noch Silbe für Silbe daran, was er damals zu Hak gesagt hatte.

»Ich strebe alles an, was du bist.«

Diese Worte waren keine bloße Schmeichelei, sondern Su-wons ehrliches Empfinden gewesen.

Das hatte sich bis heute nicht geändert.

Auch nachdem er größer und stärker geworden war und seine Kampffähigkeiten verbessert hatte, war immer das Gefühl geblieben, niemals an Hak heranreichen zu können.

Und vielleicht war es tatsächlich so.

❊

Die weinerliche Stimme des Mädchens holte ihn zurück in die Realität. Ihr Bruder stand hilflos daneben und wusste sich keinen Rat, als seine kleine Schwester in Tränen ausbrach.

»Ich kümmere mich schon darum«, sagte Su-won in gesenktem Tonfall lächelnd zum Besitzer des Klößchenstands, der besorgt zu den Kindern hinübersah.

Der Mann nickte ihm stumm zu, fischte ein paar Klößchen aus dem Topf und steckte sie auf zwei Spieße, die er Su-won reichte.

»Geben Sie ihnen die.«

Su-won nahm die Spieße dankbar entgegen und lächelte noch breiter.

»Vielen Dank. Die sind so köstlich, dass ihre Tränen bestimmt schnell versiegen werden.«

»Mit Garantie sogar«, erwiderte der Standbesitzer mit einem selbstsicheren Grinsen und wandte sich dann ab. Ohne den verdutzten Su-won anzusehen, setzte er hinzu: »Machen Sie sich keine Gedanken um das Geld, nehmen Sie sie einfach.«

»Danke …«

Su-won verneigte sich vor ihm und ging dann mit den Spießen in der Hand vor den Kindern in die Hocke. Die Geschwister rissen überrascht die Augen auf, als plötzlich der Mann im Umhang vor ihnen auftauchte. Su-won fing den Blick der beiden auf und hielt ihnen freundlich die Spieße hin.

»Nehmt nur, die sind lecker.«

»Oh, ähm …«

Ihre Eltern schienen sie gut erzogen zu haben, denn keiner von beiden streckte die Hand danach aus.

»Die Klößchen von diesem Laden sind etwas ganz Besonderes, sie haben nämlich eine Süßkartoffelfüllung«, erklärte Su-won, statt ihnen zu versichern, dass es keinen Grund zur Sorge gab. Nach Zustimmung suchend drehte er sich zu dem Ladenbesitzer um, der stolz nickte.

»Süßkartoffel …«, hörte er das Mädchen leise wispern.

Offenbar hatte er bei ihr ins Schwarze getroffen. Schüchtern lugte sie hinter dem Rücken ihres Bruders hervor.

Da ertönte ein hohles Geräusch.

Gruoooh

Es kam zweistimmig von den Geschwistern. In schönster Eintracht hielten sich beide die Bäuche.

»Bei dem köstlichen Duft meldet sich gleich der Magen, nicht wahr? Esst, bevor sie kalt werden.«

Von seinen Worten ermuntert griffen die Kinder mit ihren kleinen Händen nach den Spießen. Sie murmelten »Lecker!« und »Himmlisch!«, und allmählich kehrte das Lächeln in ihre Gesichter zurück.

Su-won richtete sich auf, strich ihnen sachte über die Köpfe und sagte: »Wenn ihr aufgegessen habt, gehen wir zusammen eure Eltern su …«

»Das wird nicht nötig sein«, unterbrach ihn eine tiefe Stimme von hinten.

Ohne sich umzudrehen, wusste er, dass es General Hang war.

»Wie oft muss ich Euch noch bitten, nicht umherzuwandern, bis Ihr es Euch endlich einprägt?! Ist denn nur Stroh in Eurem Kopf?«

Da sie mitten in der Stadt waren, hatte er die Stimme gedämpft, dennoch verfehlte sie ihre Wirkung nicht. Die armen Kinder, die ganz in der Nähe standen, waren vollkommen verängstigt.

»Hmpf …«, machte General Hang und wich ein Stück zurück, als er ihre Reaktion bemerkte.

Su-won verbiss sich ein Grinsen und hockte sich vor den beiden hin, um mit ihnen auf Augenhöhe zu sein.

»Keine Sorge. Er sieht zwar furchterregend aus, aber er ist ein sehr hilfsbereiter Mann.«

»Das war unvermeidlich …«, grummelte Hang. Es war schwer zu sagen, ob er damit den Seitenhieb auf sein furchterregendes Gesicht meinte oder ob er damit ausdrücken wollte, dass er genau deswegen so fürsorglich geworden war. Su-won vermutete, dass beides der Fall war, und brach in prustendes Gelächter aus. Er spürte, wie sich ein scharfer Blick in seinen Rücken bohrte, bevor General Hang an seine Soldaten gewandt sagte: »Den Rest überlasse ich euch.«

»Verstanden!«

Jetzt endlich drehte sich Su-won zu General Hang und seinen Männern um. Sie trugen allesamt Alltagskleidung und keine Schwerter am Gürtel. Sicherlich hatte jeder von ihnen eine verborgene Klinge bei sich, aber auf den ersten Blick sahen sie einfach wie eine Gruppe etwas grimmig wirkender Kerle aus. Su-won nahm nacheinander mit jedem von Hangs Untergebenen Blickkontakt auf und lächelte sie strahlend an.

»Verzeiht, aber könntet ihr euch um die beiden kümmern?«

»S… Sehr wohl!«

Als er sich wieder zu den Kindern umdrehte, um sie der Obhut der Soldaten zu übergeben, stiegen zu seiner Überraschung Tränen in die Augen des Mädchens.

»Was ist mit dir, Onkelchen? Kommst du nicht mit?«

Su-won fehlten die Worte. Da zog der Junge an der Hand seiner kleinen Schwester. »Lass das! Jetzt ist er ganz verlegen.«

»Aber, aber …«

»Es ist jemand gekommen, um ihn abzuholen, deswegen kann er uns nicht begleiten«, beruhigte er sie, aber auch seine Augen schimmerten seltsam feucht.

»Sie haben Euch ja schon richtig ins Herz geschlossen, was?«, raunte General Hang mit anerkennender, aber auch argwöhnischer Miene.

Su-won lächelte vage und tätschelte den Geschwistern die Köpfe.

»Es tut mir leid, dass ich euch nicht weiter Gesellschaft leisten kann. Diese Herren werden ganz sicher eure Eltern finden. Also geht bitte brav mit ihnen mit, in Ordnung?«

Das Mädchen blinzelte ein paar Mal und nickte dann zaghaft.

»Sehen wir uns irgendwann wieder?«

»Ja, bestimmt.«

»Versprochen, ja? Pass bis dahin darauf auf«, sagte sie und zog unter ihrem Hemd einen Jutebeutel hervor, den sie Su-won in die Hand drückte. Dann lief sie mit trappelnden Schritten los und zog ihren Bruder an der Hand hinter sich her.

»Huch?! Hey, renn doch nicht auf einmal los …!«, quietschte der Junge erschrocken.

Die Soldaten folgten ihnen hastig.

Während das Mädchen ihn weiterzog, wandte sich der Junge noch einmal zu Su-won um und nickte ihm zu. Danach blickte er nicht mehr zurück.

❊

Als ihre kleinen Gestalten nicht mehr zu sehen waren, sagte General Hang bedächtig: »Ich sollte zur Sicherheit den Beutelinhalt …«

»Entschuldigt, dass Ihr warten musstet. Nun, sollen wir gehen?«

»Ich sollte zur Sicherheit den Beutelinhalt …«

»Verzeihung, wolltet Ihr etwas sagen?«

»Ach, macht doch, was Ihr wollt.«

Wären seine Untergebenen noch dabei gewesen, wären sie angesichts dieser patzigen Antwort wohl erblasst. Doch Su-won lächelte nur und General Hang gab sich keine Mühe, seine Worte zu entschärfen. Vielmehr änderte er das Thema so abrupt, als hätte der Wortwechsel gar nicht stattgefunden.

»Also, hat sich der Ausflug in die Stadt für Euch als lohnenswert herausgestellt?« General Hangs leise Stimme vermischte sich mit dem Geräusch ihrer Schritte, als sie sich auf den Rückweg zum Palast machten.

Su-won fragte ebenso leise zurück: »Ein Nein würdet Ihr nicht akzeptieren, oder?«

»Na schön, lassen wir das, wenn Ihr nicht antworten wollt.«

»Wie? Aber das stimmt doch gar nicht. Es ist nur, wie soll ich sagen, schwer in Worte zu fassen …«

Su-won zwang sich zu einem Lächeln und sah zum Himmel hinauf. Als General Hang seinem Blick folgte, riss die Wolkendecke auf und die Sonne kam hervor.

»Die Sonne strahlt überall gleich hell, nicht wahr?« Die geflüsterten Worte erklangen so leise, dass sie General Hangs Ohren vermutlich nicht erreichten.

Su-won beschattete sein Gesicht mit einer Hand und spähte in das Sonnenlicht, das durch die Wolken brach.

2.

Im Dorf sind wohl Kinder …

Der Klang lebhaft lärmender Stimmen in der Ferne brachte Yun zum Lächeln. Unter ihnen waren wohl auch Kinder fahrender Kaufleute, denn man hörte sie einander zurufen: »Lange nicht gesehen!«

»Hast du auch nichts vergessen?«, fragte Hak.

»Ich habe alles«, antwortete Yun mit einem letzten, prüfenden Blick in seinen Beutel.

Sie hatten in einem kleinen Dorf Halt gemacht, um dort wenigstens das Nötigste einzukaufen. Zu ihrem Glück waren sie zufällig auf die fahrenden Kaufleute getroffen, bei denen Yun fast alles bekommen hatte, was er hatte besorgen wollen

Sie sagten, dass sie hier durch die Gegend reisen. Vielleicht begegnen wir ihnen ja noch einmal.

Als Yun von den Händlern erfuhr, war er erleichtert gewesen, auch wenn es ihn selbst eigentlich nicht direkt betraf.

In der Burgstadt und den ländlichen Orten mochte es anders sein, aber die verstreuten Bergdörfer erreichten kaum Waren. Die regelmäßigen Besuche der Kaufleute waren für die Dorfbewohner daher wahrlich die Rettung in der Not.

»Dann lass uns schnell zurückgehen.«

»Hast recht. Sonst kommt Gija uns noch holen«, scherzte Yun leichthin, doch Hak, der sich gerade den Beutel über die Schulter werfen wollte, erstarrte für einen kurzen Moment.

»Das kann durchaus sein …«

»Wäre Yona nicht erkältet, wäre er bestimmt mitgekommen«, sagte Yun ruhig und Hak nickte zustimmend.

Aus Freundlichkeit, aber auch aus Neugierde hatte Gija sich bisher oft bereit erklärt, Yun beim Einkauf zu begleiten. Auch dieses Mal hatte er sich als Erstes gemeldet. Als dann aber beim Aufbruch sein Blick auf die hustende Yona gefallen war, hatte er sofort verkündet, dass er bei ihr bleiben würde.

In einer belebteren Stadt könnten sich Yona und die anderen auch unter die Menge mischen …

Mehr noch als Gija mit seiner bandagierten Hand, fielen Yonas rote Haare und Sinhas Maske auf. Selbst wenn sie sich unter Umhängen verbargen, zogen sie dennoch die Blicke der Leute auf sich.

Deswegen erledigten in der Regel Yun und Hak die Einkäufe.

»Hatte wohl ein Nachspiel, als du vor Kurzem mal Jeaha mitgenommen hast, was?« Hak schwang sich nun mühelos den schweren Beutel über die Schulter.

Yun hatte nur noch ein kleines Säckchen mit Gewürzen zu tragen. Da er wusste, wie wertvoll sie waren, verschnürte er das Bündel fester.

»Urgs …! Erinnere mich bloß nicht daran. Mit dem gab's nur Scherereien!«

Dank des Drachenblutes in seinen Adern rühmte sich Jeaha erstaunlicher Kräfte in seinem rechten Bein.

Mit einem Satz konnte er so hoch springen, dass er wie ein Vogel durch die Lüfte glitt. Über Äste und Dächer erreichte er so im Nu jedes Ziel.

»Wenn er nur mal den Mund halten würde, könnte er uns ziemlich nützlich sein«, sagte Hak und grinste breit.

Yun sah ihn finster an. »Zumindest als Fortbewegungsmittel. Aber dieser Typ kann einfach seine Zunge nicht im Zaum halten.

Als ich ihn nur kurz aus den Augen ließ, hatte er sich sofort an ein paar Frauen rangemacht …«

Das Ereignis hatte sich erst vor wenigen Tagen zugetragen und allein die Erinnerung daran verursachte ihm Kopfschmerzen.

Freundlicherweise hatte Jeaha sich bereit erklärt, Yun zu begleiten. In der kurzen Zeit, in der Yun die wenigen Einkäufe erledigt hatte, war Jeaha schon von Passantinnen umringt gewesen – nicht nur von ein oder zwei, sondern von einem ganzen Harem. Das hatte erst recht Aufmerksamkeit erregt, sodass Yun gar nicht mehr an ihn herangekommen war.

Das ist doch wirklich das Letzte! Das Allerletzte!

Innerlich hatte Yun wie ein Rohrspatz geschimpft, bevor er sich entschlossen in die Menge geworfen hatte. Als es ihm zu guter Letzt gelungen war, Jeaha aus dem Pulk zu ziehen, war er am Ende seiner Kräfte gewesen. Und als Yun seinen keuchenden Atem wieder unter Kontrolle gebracht und zu Jeaha aufgesehen hatte, hatte der ihn lediglich unbekümmert angelächelt.

»Verhalte dich gefälligst mal ein bisschen umsichtiger. Du bist immerhin schon erwachsen.«

»Entschuldige, Yun. Das entzieht sich meiner Kontrolle.«

»Hä? Was meinst du?«

»Wenn sich mein Blick mit dem einer Frau kreuzt, muss ich einfach lächeln. Und wenn sie mich dann liebenswürdigerweise anspricht, kann ich sie doch nicht ignorieren … Verstehst du? Da kann man nichts machen.«

»Na schön, aber da musst du jetzt wohl mal die Zähne zusammenbeißen.«

Nach diesem Gespräch war Yun nur noch erschöpfter gewesen, als sie gemeinsam zurückgekehrt waren. Allerdings hatte

Gija anschließend furchtbar der Neid zerfressen. Mehr noch als zuvor hatte er versucht, sich mit allen Mitteln hervorzutun.

»Das war wirklich ein Unglück gewesen«, sagte Yun.

Aber von Hak kam keine Antwort.

Nanu? Warum sagt er denn nichts dazu?

Yun hatte erwartet, dass Hak ihm gleich beipflichten würde. Sein Schweigen überraschte ihn. Er spähte hinüber zu Hak, der mit schmalen Augen in die Ferne starrte.

»Raiju? Was hast du denn?«

»Ich höre etwas ...«

»Was, nähert sich jemand?«

Ihre Verfolger aus dem Hiryu-Palast hatten sie doch nicht etwa aufgespürt?

Yun machte sich auf alles gefasst, doch da schüttelte Hak leicht den Kopf.

»Nein, scheint nicht auf uns zuzukommen.«

»Hm ...«

Was ist es dann? Yun brannte darauf, ihn zu fragen, doch Hak hatte die Lippen fest zusammengekniffen und lauschte aufmerksam. Also schluckte Yun die Frage hinunter, um ihn nicht abzulenken.

Ich kann nur die lärmenden Stimmen der Kinder hören ... Hm?

In diesem Moment trug der trockene Wind bruchstückhaft eine weinerliche Mädchenstimme zu ihnen herüber.

»Wo kommt das her ...?«

»Von dort.«

Kaum hatte Hak es ausgesprochen, rannte er auch schon in die dem Dorf entgegengesetzte Richtung los.

Wenn sie außerhalb des Dorfes ist, hat sie sich wohl verlaufen ...

Es kam häufig vor, dass Kinder so im Spiel versunken waren, dass sie sich irgendwann an einem ihnen unbekannten Ort wiederfanden. Zudem befanden sie sich hier mitten in den Bergen. Da die Landschaft überall gleich aussah, konnte man sich leicht verlaufen.

»Keine Sorge. Jetzt geh schon!«

»Nein, nein …!«

Jetzt waren die Stimmen deutlich zu verstehen. Es waren die eines Jungen und eines Mädchens.

Hak wandte sich kurz zu Yun um. Als der ihm zunickte, legte er noch einen Zahn zu und verschwand in die Richtung, aus der die Stimmen gekommen waren.

Da sie nichts anderes abgemacht hatten, sollte Yun wohl einfach weiter geradeaus gehen. Als er dem Weg folgte, sah er, wie erwartet, den vorausgegangenen Hak in einiger Entfernung stehen.

Hm? Nur ein Mädchen …?

Er war sich sicher gewesen, auch die Stimme eines Jungen gehört zu haben. Es war aber nirgends einer zu sehen.

Als Yun bei ihnen ankam, warf er Hak einen fragenden Blick zu, doch der zuckte nur wortlos mit den Schultern.

Verstehe, er hat wohl noch nicht herausbekommen, was los ist …

Yun beruhigte seine Atmung und musterte das Mädchen, das ihnen den Rücken zugewandt hatte. Ihrer Stimme nach zu urteilen, musste sie noch jung sein. Sie reichte mit dem Kopf kaum an Haks Hüfte heran. Jedes Mal, wenn sie schniefend die Nase hochzog, wippten die zwei kastanienbraunen Zöpfe über ihren schmalen Schultern.

Wenn selbst Raiju nicht an sie herankommt, muss sie ein ziemlich harter Brocken sein …

Hak war in Fuga umringt von jüngeren »Brüdern« und »Schwestern« aufgewachsen. Wohin sie auf ihrer Reise auch kamen, die Kinder gewannen Hak immer überraschend schnell lieb. Zwar sah er mürrisch aus, war hochgewachsen und hatte zudem ein loses Mundwerk, aber sie spürten anscheinend instinktiv, dass er nichts Böses im Schilde führte.

Zusammen mit Yona ist er ein richtiger Menschenmagnet.

Doch Yona war nicht hier und wenn Hak nichts ausrichten konnte, musste Yun es wohl oder übel versuchen. Vorsichtig näherte er sich dem Mädchen, um ihr keine Angst einzujagen.

»Hallo, tut dir irgendetwas weh? Hast du dich verletzt?«

Sie hatte ihn ganz gewiss gehört, antwortete ihm jedoch nicht. Yun wartete geduldig, bis sie sich schließlich ängstlich umdrehte.

Erleichtert, überhaupt eine Reaktion zu bekommen, kniete sich Yun hin, um ihr in die Augen zu sehen.

»Verletzt … scheinst du nicht zu sein. Bist du allein?«

»Jin hat gesagt, ich darf es nicht verraten …«, ertönte ihre zittrige Stimme. Immerhin redete sie schon einmal mit ihm. Yun atmete erleichtert aus und auch Haks Anspannung schien sich zu lösen.

Jin muss der Junge sein, mit dem sie gerade gesprochen hat, überlegte Yun.

»Keine Sorge. Jetzt geh schon!«

Er hatte ihr offensichtlich verboten, über etwas zu sprechen. Die Frage war, was sie vor wem verstecken wollten.

Yun hielt es für angebracht, sich erst einmal vorzustellen, bevor er sich nach ihrem Namen erkundigte. »Also, ich bin Yu …«

Ohne den Satz zu beenden, stoppte er.

Ist es klug, meinen richtigen Namen zu nennen?, schoss ihm plötzlich durch den Kopf. Bisher war ihm diese Frage noch nie in den Sinn gekommen.

Aber im Gegensatz zu Yona und Raiju wird mich wohl niemand kennen …

Jede vermeintlich noch so unbedeutende Kleinigkeit konnte die Verfolger auf ihre Spur führen. Daher war Vorsicht besser als Nachsicht. Besonders jetzt, da sie endlich alle vier Drachen versammelt hatten.

Irgendwie fühlt es sich an, als wären wir inmitten von riesigen, rätselhaften Windungen gefangen …

Als er damals Ik-sus Prophezeiung gehört hatte, hatte er noch Zweifel gehabt.

Es schien absolut unmöglich, dass diese weltfremde Prinzessin, die in ihrem sicheren und behaglichen Palast aufgewachsen war, zusammen mit ihrem einzigen Gefährten die vier legendären Drachen um sich scharen könnte.

Doch Yona hatte es tatsächlich geschafft. Und als wäre das allein nicht schon erstaunlich genug, hatte sie auch noch die Stadt Awa aus der Schreckensherrschaft von Kumji Yan befreit und das Leben vieler Menschen bedeutend verändert.

Wenn ich jetzt so zurückdenke, war das womöglich der Wendepunkt.

Die vier Drachen im Gefolge garantierten ihnen wenigstens ein Mindestmaß an Sicherheit. Andererseits hatte er das sichere Gefühl, dass sie seitdem einen noch gefährlicheren Weg beschritten.

Aber selbst wenn es so wäre, würde das nichts ändern.

Wenn sie ihre Verfolger abschütteln wollten, sollten sie den Kontakt zu anderen tunlichst vermeiden. Doch selbst Yona, der nach dem Leben getrachtet wurde, konnte nicht tatenlos zusehen, wenn Menschen in Not waren. Auch in Zukunft würde sie wohl niemals den Blick abwenden.

Genauso ging es auch Yun, der sich entschlossen hatte, mit ihr zu gehen. Also atmete er kurz durch und fragte dann freundlich lächelnd: »Ich bin Yun, wie ist dein Name?«

Die tränenüberfluteten Kinderaugen blinzelten ein paar Mal, dann sagte das Mädchen leise: »Yuno.«

»Schön, dich kennenzulernen, Yuno. Und wo ist Jin …?«

Der hatte sie wohl angewiesen, niemandem ein Sterbenswörtchen zu sagen. Als Yun sie nun danach fragte, sagte sie auf einmal: »Der da ist kein Erwachsener, oder?«

»Wie?«

»Wenn die Erwachsenen uns finden, bekommen wir Ärger, deswegen darf ich nichts sagen.«

Ach, so ist das also …, dachte Yun und blickte zu Hak, der den Vorgang schweigend beobachtet hatte.

Auch er hatte nach diesem Wortwechsel die Situation verstanden und zuckte gequält grinsend mit den Schultern.

Sie darf also Erwachsenen nichts sagen. Das erklärt, warum sie nicht mit Raiju geredet hat.

Yuno musste ihn auf den ersten Blick für einen Erwachsenen gehalten haben. Daher hatte sie geschwiegen, genau wie Jin es ihr aufgetragen hatte.

»Ich bin ein hübscher Junge, also keine Sorge.«

»Hübscher Junge …?«

»Genau. Ich bin kein Erwachsener, also bekommst du auch

keinen Ärger«, fügte Yun erklärend hinzu und da endlich atmete Yuno beruhigt auf.

Dann streckte sie ihre Hände aus, die sie bisher fest vor der Brust verschränkt gehalten hatte, und packte Yun am Ärmel.

»Bitte, hilf Jin …! Er kommt nicht mehr vom Baum herunter.«

❊

Yuno führte sie zu einer Stelle, wo sich ihnen ein beeindruckender Anblick bot.

Gleich hinter einem großen, knorrigen Baum fiel eine Klippe steil ab. Hin und wieder blies ihnen ein Windstoß entgegen, der den alten Baum bedenklich knarren ließ und an Ästen und Blättern rüttelte.

»Warum musste er ausgerechnet dort hochklettern …?«, murmelte Yun halb resigniert.

Yuno klagte verzweifelt: »Jin wollte Mya retten.«

»Nanu, ist noch jemand hier?«

»Nein, ein Tier«, korrigierte Hak, der mit zu Schlitzen verengten Augen in den Baum sah. Er hatte ein erstaunlich gutes Sehvermögen, wenn auch längst nicht so gut wie das von Sinha, in dessen Adern Drachenblut floss. Wenn er es sagte, musste es stimmen.

Und tatsächlich nickte Yuno überrascht. »Sti… Stimmt! Mya ist ein Kätzchen. Es ist den Baum hochgeklettert, aber jetzt kommt es nicht mehr herunter. Jin wollte Mya helfen …«

Yunos Stimme erstarb und sie senkte schluchzend den Blick.

Yun zog ihre zitternden, schmalen Schultern zu sich heran und strich ihr tröstend über den Kopf.

Jin wollte bestimmt vor Yuno angeben … Ich kann's ja verstehen, aber deswegen darf er sie noch lange nicht so verängstigen und zum Weinen bringen!

Er empfand durchaus Sympathie für den noch unbekannten Jungen, aber das stand auf einem anderen Blatt geschrieben. Entschlossen sah er auf und wandte sich an Hak, der schon begonnen hatte, sich aufzuwärmen.

»Was meinst du, kommst du da hoch?«

»Mit Leichtigkeit«, antwortete Hak und lächelte beruhigend.

Auch Yuno wirkte ein wenig erleichtert und stieß in Yuns Armen einen kleinen Seufzer aus.

»Der Baum sieht ziemlich morsch aus, sei vorsichtig.«

»Pass du auf, dass ihr nicht von herabfallenden Ästen getroffen werdet.«

Kaum hatte Hak das gesagt, sprang er auch schon kräftig vom Boden ab, ohne Yuns Antwort abzuwarten.

Knarr Knarz

Sofort ertönte ein besorgniserregendes Knacken und Knarren, doch glücklicherweise fielen keine Äste herunter. Im Nu verschwand Hak in der Baumkrone.

»Meinst du, Jin und Mya sind sicher?«

»Natürlich. Man sieht es Hak zwar nicht an, aber er ist flink und stark.«

»Dann ist gut …«, murmelte Yuno. Sie sah immer noch blass aus, aber bei Yuns Worten entspannte sich ihre Miene ein wenig.

Doch im nächsten Augenblick ertönte ein Schrei aus dem Geäst.

»Ah?! W… Wer bist du denn?!«

»Yuno schickt mich … Hey! Nicht bewegen, Dummkopf!«

Als Yuno die Stimme hörte, strahlte sie und rief: »Jin …!«

»Ein Glück, wie es scheint, hat er ihn gefunden. Jetzt müssen sie nur noch …«

… vom Baum herunterklettern, wollte Yun gerade sagen, aber der Wortwechsel, den sie vernommen hatten, beunruhigte ihn. Hak allein hätte mühelos mit einem Satz vom Baum springen können. Mit dem Jungen und der Katze zusammen würde es sich jedoch schwieriger gestalten. Wenn sie unglücklich landeten, konnte es sogar lebensgefährlich werden.

Um Himmels willen, bitte sei brav, Jin!, flehte Yun und sah an dem großen Baum hinauf, an dem jetzt ein besonders dicker Ast wackelte.

Das darf nicht wahr sein! Raiju und die beiden sind noch nicht wieder unten.

Unwillkürlich zog er Yuno näher an sich heran. Und dann geschah es.

»Aaaaaaaaah!«

Miauuuuuuuuuu

Mit einem lauten Knacken brach der Ast. Junge und Katze stießen einen langgezogenen Schrei aus.

Oh nein, fällt jetzt der Baum um …?!

Hastig hob Yun das Mädchen hoch und sprintete von dem Baum weg.

Doch es gab weder eine Erschütterung, noch war der Aufprall eines fallenden Stamms zu hören.

Als sich Yun ängstlich umdrehte, fiel sein Blick auf Hak, der just in diesem Moment eine perfekte Landung vollführte.

»Hi«, sagte dieser nur, als wäre alles ganz normal.

Also antwortete auch Yun wie immer: »Wi… Willkommen zurück.«

Die beiden Kinder und das Tier waren starr vor Schreck.

Hak hielt Jin unter dem Arm. Der Junge und das Kätzchen, das dieser an sich gedrückt hatte, zitterten wie Espenlaub.

Sehr tapfer von ihm, dass er trotzdem nicht weint. Er will sich bestimmt nicht die Blöße geben, dachte Yun gerührt und spähte in Yunos entsetztes Gesicht.

»Wie schön, Yuno! Siehst du, Jin und Mya geht es gut«, sagte er und zeigte auf Jin, der gerade mit den Füßen auf dem Boden abgesetzt wurde. Mit dem Kätzchen im Arm zuckte er unbehaglich mit den Schultern.

Yuno hatte die Lippen fest zusammengepresst und blickte Jin nur mit gerunzelter Stirn an.

Das überraschte Yun, denn er hatte gedacht, dass sie jetzt gewiss ihr Lächeln wiederfinden würde.

Vielleicht ist sie noch ganz starr vor lauter Anspannung ... ?

Da sie wie angewurzelt auf der Stelle stand, streckte Yun seine Arme nach ihr aus, um sie hochzuheben. Doch in dem Moment platzte es plötzlich mit weinerlicher Stimme aus ihr heraus.

»Jin, du Blödmann! Blöder, blöder Blödmann ...!«

Ihr kleiner Körper zitterte und sie lief bis zu den Haarwurzeln rot an.

Jin stutzte vollkommen verdattert.

Ich dachte, Yuno wird von Jin herumkommandiert, aber vielleicht ist es genau andersherum ...

Als Yun flüchtig Yuno ansah, erwiderte diese seinen Blick.

»Yun.«

»J... Ja?«. Erschrocken stand er unwillkürlich stramm.

Yuno neigte erst verwundert den Kopf, doch dann fasste sie sich wieder und löste einen kleinen Beutel von ihrem Gürtel.

»Yuno …?«

»Hier! Die gebe ich euch zum Dank«, sagte das kleine Mädchen und öffnete den Beutel.

Yun zögerte einen Moment, bevor er hineinspähte.

»Das sind ja …«

»Dampfnudeln. Ich habe sie mit Mama zusammen gemacht, weil bald ein Fest ist.«

Aus dem Beutel stieg ein schwacher Geruch auf und Yun verengte die Augen. Es war ein herrlich süßer Duft, wie er ihn nur selten roch.

»Was? Das taugt doch nicht als Dankeschön«, mischte sich Jin ein, der mittlerweile seine Stimme wiedergefunden hatte.

»W… Wieso denn nicht?«, entgegnete ihm Yuno verunsichert.

Jin grinste fies und antwortete: »Weil du sie gemacht hast. Die sind doch ungenießbar!«

»Stimmt ja gar nicht! Mama und die anderen haben alle gesagt, dass sie lecker sind!«

»Na ja, erzählen kann man viel«, setzte Jin noch hinzu, der ihr den Blödmann wohl heimzahlen wollte.

Yuno biss sich auf die Lippe und verfiel in Schweigen.

Wie sagt man so schön? Was sich liebt, das neckt sich, was?

Aber auch das hatte seine Grenzen. Dass Jin vor ihr angeben wollte und deswegen unvorsichtig geworden war, hatte überhaupt erst dazu geführt, dass Yuno sich jetzt für ihre Hilfe bedanken wollte.

Yun grinste gequält und klatschte laut in die Hände.

»Gut, gut, das reicht jetzt.«

»Yun, die sind wirklich lecker, weißt du?«, schluchzte Yuno mit Tränen in den Augen.

Er tätschelte ihr sanft den Kopf. »Vielen Dank. Ich freue mich schon darauf, sie zu essen.«

Als er den Beutel entgegennahm, strahlte Yuno übers ganze Gesicht.

»Pah, selbst schuld, wenn ihr euch den Magen verderbt!«, rief Jin.

»Schluss jetzt!«, schimpfte Yun.

Im selben Moment sauste Haks eiserne Faust hinab.

Wonk

Gleich darauf schrie Jin auf, aber weder Yun noch Hak gingen darauf ein.

»Man erntet, was man sät. Merk dir das.«

»Vor allem ist all das im Grunde nur passiert, weil du so leichtsinnig warst!«

Als die beiden auf Jin einredeten, plusterte der mürrisch die Wangen auf. Dann nuschelte er irgendetwas Unverständliches.

Was hat er gesagt ... ?

Yun hatte die gemurmelten Worte nicht verstehen können. Aber Hak, der direkt neben dem Jungen stand, schien ihn gehört zu haben.

Zunächst machte er große Augen, doch dann wurden seine Züge mit einem Mal weicher.

»Ich gebe dir mal einen guten Rat!« Grinsend beugte sich Hak zu Jin hinunter und flüsterte etwas in sein Ohr.

»Wie jetzt, ist das etwa geheim?! Das ist unfair!«, protestierte Yun halb im Scherz, aber keiner der beiden antwortete.

Jin lief puterrot an und war offenkundig sprachlos.

❊

Nachdem sie sich von Yuno und Jin verabschiedet hatten, ließen sie das Dorf endlich hinter sich.

Yun jedoch ließ es keine Ruhe, warum Jin auf einmal so still geworden war. Er blickte zu Hak hinüber und fragte: »Was hat Jin eigentlich am Ende gesagt?«

»Er meinte, er könne Yuno einfach nicht weinen sehen.«

»Oh! Das hätte ich nicht erwartet!«

»Aber man muss seinen Worten eben auch Taten folgen lassen.«

Haks Worte klangen hart, aber seine Miene war sanft und sein Blick warmherzig. Es war ein Ausdruck, wie ihn sich Yun bei einem großen Bruder vorstellte.

Das werde ich ihm aber auf keinen Fall sagen.

»Er war wirklich ein Großmaul«, sagte Yun stattdessen und fragte dann: »Und, Raiju, was hast du ihm geantwortet?«

»Na, das liegt doch wohl auf der Hand«, sagte Hak breit grinsend und fügte lässig hinzu: »›Dann musst du stärker werden.‹«

Obwohl die Worte an Jin gerichtet gewesen waren, trafen sie auch Yun mitten ins Herz. Es klang nicht belehrend, was vermutlich daran lag, dass sich Hak diese Worte selbst ständig einschärfte.

»Weißt du, bevor ich mit Yona zu dieser Reise aufgebrochen bin, hatte ich noch nie Dampfnudeln gesehen«, sagte Yun.

»Wirklich? Na ja, bei mir war es ähnlich …«

»Wie? Aber …«, sagte Yun, der sich das beim besten Willen nicht vorstellen konnte.

Überrascht sah er zu Hak auf, der geradeaus blickte und wie beiläufig erzählte: »Bis ich Leibwache der Prinzessin wurde, kannte ich sie nur von den reisenden Händlern.«

Offenbar redete Hak von seiner Zeit in Fuga. Warum er den Namen seiner Heimat nicht nannte, in der er immerhin Klananführer gewesen war, konnte sich Yun nicht erklären. Also fragte er bewusst fröhlich: »Ach, tatsächlich?«

»Nicht einmal die Zutaten waren zu bekommen.«

»Ah, verstehe«, antwortete Yun und kicherte, bevor er die Arme ausbreitete und zum Himmel aufsah.

In der untergehenden Sonne verschmolzen Orange und Blau am Himmel zu einer wunderschönen Szenerie.

»Die Welt ist wirklich groß …«, murmelte Yun, bekam aber keine Antwort.

Für eine Weile kostete er die angenehme Stille aus, dann öffnete er den Beutel.

»Ha ha, die sehen wirklich ein wenig deformiert aus. Aber auch lecker!«, entfuhr es Yun unwillkürlich.

Hak grinste. »Da wäre ich mir nicht so sicher. Vielleicht schmecken sie auch genau so, wie sie aussehen.«

»Sprichst du da aus Erfahrung?«

»Ja.«

Allein in diesem kurzen Wort spürte Yun eine Menge verborgener Emotionen. Er schluckte, aber dann siegte seine Neugier und er fragte nach. »Wie haben sie geschmeckt?«

»Unbeschreiblich.«

»O… Oha … Die Händler verkaufen oft solche Sachen, nicht wahr?«

»Nein, sie waren nicht gekauft.«

»Ach so? Dann hast du sie kostenlos dazubekommen?«

Wieder schüttelte Hak den Kopf.

Er war ungewöhnlich ausweichend. Offensichtlich fiel es

ihm ziemlich schwer, darüber zu sprechen.

Yun hatte eine bange Vorahnung, während er an den Fingern abzählte. »Du hast sie also nicht gekauft und auch nicht als Zugabe erhalten …«

»Die Prinzessin hat sie für mich gemacht.«

Das war ein schockierendes Geständnis.

Hak redete vermutlich von einer Zeit, in der Yona noch nicht gewusst hatte, wie man ein Küchenmesser hält. Als Yun sie kennengelernt hatte, war sie anfangs noch derart ungeschickt beim Kochen gewesen, dass er es kaum fassen konnte. Er konnte sich daher nur zu gut vorstellen, wie ihre Fähigkeiten während ihrer behüteten Kindheit im Hiryu-Palast ausgesehen haben mochten.

»A … Aber man konnte sie schon essen, oder?«

»Sie hat mich dazu gezwungen.«

»Als Leibwache hat man's nicht leicht, was?«

»Ich konnte schließlich nicht zulassen, dass es wegen der Dampfnudeln der Prinzessin Tote gibt«, antwortete Hak kühn und sah in den Himmel hinauf, der sich inzwischen dunkelblau gefärbt hatte.

Als Yun seinem Blick folgte, sah er im Osten den Mond aufgehen.

Heute Nacht ist also Vollmond. Ob Ik-su wohl auch von seiner Berghütte aus den Mond betrachtet?

Mit diesen Gedanken schritt Yun kräftiger aus.

3.

Hak erinnerte sich noch gut an die Geschehnisse jenes Tages.

Es war kurz nach seiner Ernennung zu Yonas persönlicher Leibwache und dauerhaften Stationierung im Palast gewesen. Vor drei Jahren, als er fünfzehn Jahre alt gewesen war.

»Die Prinzessin steht in der Küche!«

Die Nachricht war mit Bestürzung und Verwirrung aufgenommen worden und hatte sich wie ein Lauffeuer im gesamten Schloss verbreitet – ebenso wie das Trauerspiel, als Hak persönlich kosten musste, was Yona fabriziert hatte.

❋

Hak lehnte an einer Fensterbank, sein Kinn in die Hand gestützt, und unterdrückte ein Gähnen, während er zum Himmel aufblickte.

So muss es sich anfühlen, in einem Vogelkäfig zu sitzen …

Der Hiryu-Palast war gigantisch, doch der Himmel wirkte von hier aus beengter als in seiner Heimat Fuga. Das lag nicht nur daran, dass der Palast von Schlossmauern umgeben war, sondern auch an der fehlenden Freiheit seiner Bewohner.

Aber stört wohl niemanden, da die bedeutenden Vögel hier die Außenwelt gar nicht kennen, schätze ich?!

Prinzessin Yona widmete sich seit dem Morgen in einem Winkel der königlichen Residenz ihrem Tanzunterricht. Als ihre Leibwache begleitete Hak sie natürlich dabei, doch im Grunde wusste er dort nichts mit sich anzufangen.

Die Prinzessin ist eine echt miserable Tänzerin. Na, zumindest habe ich so etwas zu lachen.

Er warf einen flüchtigen Blick zu Yona, die immer noch mit ihrem Fächer herumwedelte. Angeblich sollte dieser Tanz einen anmutigen, weißen Vogel darstellen, aber danach sah es selbst mit viel Wohlwollen nicht aus. Sie bewegte zwar ihren Körper, aber ihr Rhythmusgefühl ließ sehr zu wünschen übrig.

»Das sieht bestenfalls wie das Gehüpfe eines Kükens aus …«

»Ich kann dich hören, Hak! Wart's nur ab, ich werde schon bald besser!«

Prinzessin Yona hatte Haks gemurmelte Worte scheinbar klar und deutlich vernommen.

Wie sie so dastand, die Wangen schmollend aufgeblasen, war sie ebenso wie ihr Tanz weit von jeglicher Anmut entfernt.

Plötzlich rief die Prinzessin aufgeregt: »Achtung, Hak …!« Doch dieser hatte sich bereits in Bewegung gesetzt.

Als ihn ein rätselhaftes Flugobjekt leicht streifte, erkannte er, was da auf ihn zugeflogen war.

»Prinzessin, Fächer sind nicht zum Werfen da.«

»Tu … Tut mir leid! Er ist mir aus der Hand gerutscht …!«

»Sieht so aus. Nur gut, dass er auf niemand anderen zugeflogen ist.«

Als er zur Prinzessin hinüberging, um ihr den Fächer zurückzugeben, machte sie ein Gesicht, das schwer zu deuten war. Am ehesten war es wohl als Enttäuschung zu beschreiben.

»Was habt Ihr?«, fragte er.

»Wenn du nichts hast, ist alles gut«, gab diese nur ausweichend zurück, worauf Hak sie noch verwunderter ansah.

Meinte sie damit etwa, dass er nicht verletzt worden war? Dann hätte sie beruhigt wirken müssen, aber den Anschein machte sie nicht.

Was hatte das zu bedeuten?, fragte sich Hak, während Yona ihre Tanzübung wieder aufnahm, um seinem Blick zu entgehen.

Da Hak schlecht neben ihr stehen bleiben konnte, kehrte er in die Ecke des Raumes zurück, aus der er gekommen war. Er lehnte sich an die Wand und folgte Yona unauffällig mit den Augen. Gerade als sich ein Grinsen in sein Gesicht schlich, trafen sich ihre Blicke.

Er war überzeugt, dass sich Yona beschweren würde, aber ihre Reaktion entpuppte sich als das genaue Gegenteil. Sie sah zu ihm herüber und lachte erleichtert.

Was ist denn nur los?

Von da an schien mit Yona irgendetwas nicht zu stimmen.

Selbst wenn er sie direkt ansah, reagierte sie kaum.

Und wenn er nachhakte, entgegnete sie ihm mit einer Gegenfrage: »Möchtest du mir nicht etwas sagen?«

Am Seltsamsten war jedoch, dass sie sich nur bei Hak so benahm.

Anfangs hielt ich es für ein Missverständnis, aber so lange wie das mittlerweile andauert …

Seine Majestät der König, die Hofdamen und auch die Palastwachen, denen sie auf den Fluren begegneten, behandelte sie ganz normal. Ihr Verhalten war tatsächlich nur ihm gegenüber so merkwürdig.

Besonders heute hatte es ein Hin und Her gegeben, bis ihre Pläne für den Nachmittag festgestanden hatten.

Trotz ihrer Stellung als Prinzessin hatte sie im Grunde frei, solange sie nicht gerade Unterricht in Hofetikette oder Tanz nahm. Für gewöhnlich verbrachte sie ihre Freizeit ganz nach Belieben.

Doch an diesem Tag fragte sie ihn aus irgendeinem Grund: »Sag mal, Hak, ich würde gerne einen Ausritt machen. Was meinst du?«

»Abgelehnt.«

»Dann vielleicht einen Spaziergang? Um die Palastmauern oder so?«

»Natürlich. Ich werde Euch folgen, also seid unbesorgt.«

»Das wäre doch nicht Sinn der Sache ...«

»Wünscht Ihr einen Gesprächspartner? In dem Fall kann ich Min-su rufen lassen ...«

»Schon gut, wenn das so ist, lass uns einfach in die Bibliothek gehen!«

Nach diesem Wortwechsel waren sie schließlich in die Bibliothek gegangen.

Hak verstand nicht, was sie mit »wenn das so ist« gemeint hatte. Zudem war es eine absolute Ausnahme, dass die Prinzessin sich aus eigenem Antrieb der Lektüre widmen wollte. Aber es war vermutlich zwecklos, sich den Kopf darüber zu zerbrechen.

Die Prinzessin wird doch wohl kein Fieber haben?, dachte Hak halb im Scherz, halb im Ernst. Hätte er sie gefragt, wäre sie wahrscheinlich aus der Haut gefahren.

Trotz ihrer Standesunterschiede waren Prinzessin Yona, Hak und Su-won von klein auf wie Freunde aufgewachsen. Sie wussten voneinander selbst Details, die sie am liebsten wieder vergessen hätten, aber natürlich auch weniger extreme Dinge.

So wusste er zum Beispiel, dass Yona keinen Unterricht mochte, geschweige denn still Bücher las.

Die einzigen Ausnahmen waren ihre Unterrichtsstunden im Musizieren und Tanzen.

Sie versucht verzweifelt, Su-wons Aufmerksamkeit zu erregen, dachte Hak und seufzte.

Wenn die Prinzessin ein derart untypisches Verhalten an den Tag legte – sich geradezu dazu zwang – musste es eindeutig etwas mit Su-won zu tun haben.

Verdammt, warum habe ich das nicht früher bemerkt?

Hak unterdrückte ein missbilligendes Zungenschnalzen und kratzte sich stattdessen unwirsch am Kopf. Er konnte sich nicht helfen, aus irgendeinem Grund machte ihn das schrecklich wütend.

Hm …? Heißt das etwa …

»Ich werde Dampfnudeln machen«, verkündete Yona aus heiterem Himmel, obwohl sie eigentlich gerade in ihr Buch vertieft sein sollte.

Hak wurde so abrupt aus seinen Gedanken gerissen, dass ihm erst einmal die Worte fehlten.

Dampfnudeln machen? Wer? Die Prinzessin?, echote es in seinem Kopf. Als er endlich die Sprache wiederfand, platzte es, etwas zu heftig, aus ihm heraus: »Wollt Ihr etwa jemanden umbringen?!«

Prinzessin Yona begriff offenbar nicht auf Anhieb, was er damit impliziert hatte. Daher sah sie ihn erst nur verdutzt blinzelnd an, doch dann reckte sie ihre Faust in die Höhe.

»Was soll das denn bitte heißen, Hak?«

»Genau das, wonach es klingt.«

»Was? Willst du sagen, meine Dampfnudeln wären giftig?«

»Äh, was sollen sie denn sonst sein?«

»Sag das nicht mit so ernster Miene!«

Das konnte Hak nur zurückgeben. Wenn dies ein Scherz sein sollte, sollte sie zumindest dabei lachen. Leider machte sie jedoch ein entschlossenes Gesicht.

»Wollt Ihr allen Ernstes Dampfnudeln machen?«

»Na, das habe ich doch gerade gesagt.«

»Was ist das denn wieder für eine Schnapsidee …?«

Da hatte er gedacht, sie würde hier ruhig ein Buch lesen, und nun das. Haks Mundwinkel zuckte, da hielt sie ihm ein Buch vor die Nase.

»Hier steht, wie man sie zubereitet.«

Ja, und? Das ändert auch nichts … Er stöhnte demonstrativ und antwortete nur knapp: »Aha.«

Seine Reaktion schien Yona nicht zu gefallen, denn sie blies unzufrieden die Wangen auf. Für einen Moment starrten sie einander über das Buch hinweg an.

»Hak, wenn du was zu sagen hast, spuck's aus.«

»Habe ich nicht. Seid Ihr es nicht vielleicht, die etwas auf dem Herzen hat?«

»Wa… Was sollte das sein?«

Ihre Stimme überschlug sich. Selbst jetzt noch versuchte sie, seiner Frage auszuweichen.

Sie ist nicht nur eine schlechte Verliererin, sondern auch ein Dickkopf …

Hak schnappte sich das Buch und sah ihr direkt in die Augen.

»Und nur, weil's hier geschrieben steht, setzt Ihr Euch plötzlich in den Kopf, Dampfnudeln zu machen? Normalerweise würdet Ihr doch sagen: ›Oh, mich gelüstet danach, bring mir welche.‹«

»Hast du mich gerade nachgeäfft …?«

»Ziemlich gut, oder? Vielleicht sollte ich es auch mal Su-won vorführen?«, stichelte er und ließ wagemutig seinen Namen fallen, um sie aus der Reserve zu locken.

Die Erwähnung Su-wons zeigte augenblicklich Wirkung. Ihr Gesicht färbte sich schlagartig rot, als hätte sich Schießpulver entzündet.

»Auf keinen Fall!«

»Dann sprecht ehrlich mit mir. Warum wollt Ihr auf einmal Dampfnudeln machen?«

»Weil …«

»Bitte?«

»Sie haben gesagt, wenn man heiratet, muss man zumindest Dampfnudeln zubereiten können!«

Wer hat das wem gesagt? Und in welcher Situation?

Da sie ihm keinerlei Erklärung lieferte, blieb Hak nichts anderes übrig, als beharrlich weiter zu bohren. Als er endlich voll im Bilde war, hatte sich Yona wieder beruhigt. Stattdessen schlug nun Hak vor lauter Erschöpfung hart mit der Stirn auf den Tisch.

»Huch?! Hak, alles in Ordnung?«

»Ach, geht schon …«

»Bi… Bist du sicher? Das war ganz schön laut!«

Als er die Sorge in ihrer Stimme hörte, verzog er das Gesicht, als hätte er in eine Zitrone gebissen.

Wer hätte denn ahnen können, dass so ein alberner Grund dahintersteckt …?

Offenbar hatten ein paar Hofdamen darüber geplaudert, ob eine von ihnen denn auch Dampfnudeln zubereiten könne, wo sie doch jetzt heiraten würde. Yona hatte ihr Geplapper zufällig mitangehört und sich deswegen in den Kopf gesetzt, ebenfalls die Zubereitung zu erlernen.

Ihr Vorhaben war zwar durchaus rührend, aber Hak war sicher nicht allein mit seiner Ansicht, dass es vorab sicher ein paar wichtigere Fähigkeiten gab, die sie sich aneignen sollte. Zum Beispiel etwas mehr Sittsamkeit oder Damenhaftigkeit oder Grazie.

Außerdem wird die Prinzessin in Zukunft wohl kaum in der Küche stehen.

Ob ihr das nun bewusst war oder nicht, diese Sache schien sie ernsthaft zu beunruhigen. Als ob die Welt untergehen würde, sollte sie keine Dampfnudeln zubereiten können.

Na, für sie stellt das jedenfalls ein echtes Problem dar, dachte Hak. Jetzt verstand er auch endlich, warum sie sich so seltsam benommen hatte.

»Deswegen wart Ihr also beim Tanzunterricht so geistesabwesend«, sagte er mehr zu sich selbst, aber Yona hörte ihn dennoch.

Der Tisch wackelte, dann hörte er sie lautstark protestieren. »Nein, das war nur, weil du … Oh!«

Als wäre sie plötzlich zu sich gekommen, verstummte sie abrupt. Es bestand kein Zweifel, dass sie irgendetwas verbarg. Langsam hob Hak den Blick.

Huch!

Die Prinzessin war ihm unerwartet nah gekommen, sodass ihr Gesicht nun direkt vor dem seinen war.

Hak wollte sich sofort zurückziehen, doch als er ihren Blick bemerkte, erstarrte er.

Er hatte erwartet, sie wieder schmollen zu sehen, aber dem war nicht so.

Warum macht sie so ein Gesicht?

Yonas große, feucht schimmernde Augen flackerten. Ganz so, als wäre sie um Hak besorgt.

»Weil ich was …?«

»Ach, nichts«, gab sie zurück und wandte sich brüsk ab.

An diesem Punkt war es so gut wie unmöglich, noch die Wahrheit aus ihr herauszubekommen. Zumindest, solange er nicht Su-won höchstpersönlich herbrachte.

Ach, verdammt noch mal! Ich versteh beim besten Willen nicht, was hier los ist.

Selbst eine Verdauungsstörung wäre ihm jetzt gelegen gekommen. Hak kratzte sich gereizt am Hinterkopf und atmete tief durch, um sich zu beruhigen.

»Na ja, lassen wir die Details beiseite, aber könnt Ihr mir eines verraten?«, fing Hak wieder an.

Yona zuckte leicht zusammen. Dann drehte sie sich vorsichtig zu ihm um und warf ihm einen fragenden Blick zu.

»Ich habe jetzt verstanden, dass Ihr als Vorbereitung auf das Eheleben lernen wollt, Dampfnudeln zuzubereiten. Aber wären in Eurem Fall nicht eher …«

»Du verstehst überhaupt nichts!«

Das gilt wohl eher für dich, wollte er ihr entgegnen. Doch er schluckte die Worte hinunter und sagte stattdessen nur: »Bitte?«

Yona fuchtelte aufgebracht mit dem Finger vor seinem Gesicht herum.

»Mag ja sein, dass ich in der Familie meines zukünftigen Bräutigams nicht kochen werde! Und mir ist auch bewusst, dass das gar nicht von mir erwartet wird!«

Das kam so unerwartet, dass Hak überrascht die Augen aufriss. Dies war nicht die kindische, verträumte Prinzessin, die er kannte.

»Warum dann …?«, fragte er mit heiserer Stimme.

Es war Yona, die hier vor ihm stand, aber sie wirkte wie eine Fremde auf ihn.

Ich frage durchgehend nur »Warum?« und »Wieso?«, dachte Hak und musste unwillkürlich über sich selbst schmunzeln.

Yona sah ihn nachdenklich an. »Ich wünsche mir, dass jemand, den ich mag, mein selbstgekochtes Essen isst.«

Die Gelegenheit würde sich ihr wohl kaum bieten. Hak wollte sie darauf hinweisen, aber er bekam kein Wort mehr heraus. Vermutlich verstand Yona all das ohnehin. Sie würde ihrem Umfeld Unannehmlichkeiten bereiten, wenn sie sich plötzlich in die Küche stellte, und zudem würde es zweifellos große Verwirrung bezüglich des Vorkostens geben. All das brachte ihr Stand so mit sich.

Ah, verstehe ...

Es war eigentlich ganz einfach. In diesem Moment begriff Hak seinen Irrtum.

In Wahrheit verhält sie sich wie eine Prinzessin.

Ihr Haar kämmen, ankleiden, das Gesicht waschen – all das konnte die Prinzessin sicher auch allein bewältigen. Dennoch ließ sie sich stets von den Hofdamen dabei helfen, um sie nicht ihrer Aufgabe zu berauben.

Aber warum will sie dann kochen lernen?

Hak sah Yona, die ihm gegenübersaß, unverwandt an. Sie erwiderte seinen Blick mit einem sanften Lächeln.

»Als ich neulich erkältet war, hat mir Vater Reisbrei mit Hühnchen gekocht. Der schmeckte zwar ... nun ja, etwas komisch, aber ich habe mich trotzdem sehr darüber gefreut. Ich glaube, das hat mich schneller gesund werden lassen als jede Medizin«, erzählte sie lächelnd.

Als Hak sie so sah, schien sich endlich alles zusammenzufügen.

Wie ich's mir dachte, es hat mit Su-won zu tun.

Yona war sich ihrer Stellung nur zu bewusst. Wenn sie dennoch versuchte, ihren Willen durchzusetzen, konnte es dafür nur einen Grund geben.

»Ist etwa ein Brief von Su-won gekommen?«

»Wie …?! Woher weißt du das?«

»Tja, woher wohl. Was stand denn darin?«

»Ach, eigentlich das Gleiche wie immer.«

»Aber Prinzessin, irgendetwas kam Euch doch seltsam vor. Deswegen seid Ihr auf die Idee mit den Dampfnudeln gekommen. Kommt Su-won in den Palast?«

Vielleicht hatte er zu viel gesagt. Yona schien ihm nicht mehr folgen zu können und blinzelte verblüfft.

»Hallo-hooo, Prinzessin?«

»Wenn hier jemand seltsam ist, dann du, Hak.«

»Ich?«

»Außerdem weiß ich gar nicht, wann Su-won das nächste Mal den Palast besucht. Wenn du ihn sehen willst, solltest du ihm vielleicht selbst einen Brief schreiben. Warum fragst du mich?«

»Äh, nein, ich meinte doch …«, stammelte Hak und wich eingeschüchtert vor ihr zurück.

Sie verstand weder den Sinn seiner Frage, geschweige denn, warum er sie überhaupt stellte. Klar war nur, dass sie aneinander vorbeiredeten.

Was ist nur los? Habe ich irgendetwas übersehen …?

Angestrengt zerbrach er sich den Kopf darüber, da kam ihm der vorige Wortwechsel wieder in den Sinn.

»Deswegen wart Ihr also beim Tanzunterricht so geistesabwesend.«

»Nein, das war nur, weil du … Oh!«

Hieß das, der Grund lag bei ihm?

Gerade eben hatte sie gesagt, dass es Hak war, der seltsam war.

Ich kam der Prinzessin also seltsam vor und deswegen will sie … Dampfnudeln machen …?

Als er die Sache einmal durchdacht hatte, kam er zu diesem Fazit. Nein, es war zu einfach, geradezu eingebildet.

Ich sollte mir schleunigst von ihr den Kopf zurechtrücken lassen, überlegte er konfus, obwohl er die Wahrheit gar nicht kannte.

Hak spannte seine Bauchmuskeln an, um zu verhindern, dass seine Stimme zitterte, und fragte vorsichtig: »Wollt Ihr etwa für mich Dampfnudeln zubereiten?«

»Ja, wieso?«, gab sie leichthin zurück und nickte tatsächlich.

Hak traute seinen Ohren nicht und flüsterte: »Warum?«

»Was denn, hast du was dagegen?«

»Was dagegen …? Was ist denn bloß los mit Euch …?«, murmelte er, die letzten Worte kaum noch hörbar.

Er wurde von einem überwältigenden Gefühl der Kraftlosigkeit ergriffen und ließ seinen Kopf auf den Tisch fallen.

Das war also des Pudels Kern, wirklich …?

Als sie sagte, dass sie für jemanden kochen möchte, den sie mag, hatte sie wohl eine andere Art von mögen gemeint. Er hätte es bemerken müssen, als sie von dem Reisbrei erzählt hatte, den Seine Majestät für sie zubereitet hatte. Prinzessin Yona hatte nicht von romantischen, sondern freundschaftlichen Gefühlen gesprochen.

»Nanu, genierst du dich etwa?! Ja, das tust du, oder?«, rief Yona so gutgelaunt, dass er sich fragte, worüber sie sich so freute.

Hak sah stirnrunzelnd zu ihr auf.

»Warum ausgerechnet Dampfnudeln?«, lenkte er unverhohlen vom Thema ab, aber Yona ging nicht weiter darauf ein. Stattdessen lächelte sie sanft und sagte mit fröhlicher Stimme: »Na, du magst doch Dampfnudeln, oder nicht?«

»Na ja, ich hasse sie nicht …«

»Dachte ich's mir doch. Du hast die Dampfnudeln, die Vater dir gegeben hat, immer mit solcher Freude verputzt.«

»Die sind ja auch lecker! Natürlich freut man sich darüber.«

Genau deswegen wollte er auf Yonas Dampfnudeln gerne verzichten. Aber auch als Hak das vage andeutete, ließ sie sich nicht von ihrem Vorhaben abbringen.

Sie schleppte ihn schnurstracks mit in die Küche, ließ ihn bei der Zubereitung helfen und zwang ihn zu guter Letzt auch noch, das Fiasko zu kosten.

❊

Die Gerüchte über Yonas Dampfnudeln, die die Leibwache ganz allein gegessen hatte, erreichten noch am selben Tag die Ohren Seiner Majestät, woraufhin dieser Hak sofort zu sich rief.

»Yonas selbst gemachte Dampfnudeln waren bestimmt lecker, nicht wahr? Ganz sicher waren sie das!«

Seine Majestät saß auf seinem Thron und lächelte wie immer vergnügt. Doch Hak durchschaute sofort, was sich hinter diesem Lächeln verbarg. In diesem Moment war er nicht der König eines Landes, sondern einfach ein liebender Vater, der ganz vernarrt in seine einzige Tochter war. Die richtige Antwort wäre daher gewesen, zu bekräftigen, wie überaus köstlich die Dampfnudeln gewesen waren. Dessen war sich Hak vollkommen bewusst. Dennoch antwortete er wie immer ehrlich: »Nein, sie waren ungenießbar. Schließlich …«

»Oh? Gehst du heute etwa ohne Abendessen ins Bett, Hak?«, fiel ihm der König ins Wort, bevor Hak ihm berichten konnte, welcher Albtraum sich in der Küche abgespielt hatte. Dann fügte Seine Majestät noch hinzu: »Wenn du sie nicht lobst, gibt es kein Essen für dich.«

Natürlich war er nicht der Typ Herrscher, der seine Untertanen hungern ließ, daher wusste Hak, dass es nur eine leere Drohung war – so hoffte er zumindest.

Hak hätte am liebsten auf dem Absatz kehrtgemacht, verwarf den Gedanken jedoch als kindisch. So verhielt sich der König nur, wenn es um Prinzessin Yona ging.

»Wir haben selbstverständlich welche für Euch aufgehoben.«

»Ach so?! Sag das doch gleich!«

»In dem Fall werdet Ihr mir gestatten, zu Abend zu essen, oder?«

»Aber natürlich! Ordentliche Mahlzeiten sind wichtig!«

Er ist wirklich unmöglich, dachte Hak entgeistert, doch dann wurde ihm bewusst, dass er lächelte. Es war einfach zu rührend.

Gleichzeitig hoffte Hak inständig, dass der König stets Zeit finden würde, die er nicht als Herrscher, sondern als Vater verbringen konnte, wenn auch nur ein klein wenig.

4.

Als Hak und Yun von den Besorgungen zurückkehrten, wurden sie von Gija und Jeno erwartet, die sich wie Wächter vor dem Lagerplatz positioniert hatten.

Sinha und Jeaha halfen Yona hingegen bei den Vorbereitungen für das Abendessen.

Nanu, was ist denn hier los ...?

Die Atmosphäre war so unbehaglich, dass Yun am liebsten gleich wieder umgekehrt wäre. Der Grund dafür war Gija, der die Lippen fest zusammenpresste und sie stumm anstarrte.

Yun warf Jeaha einen Hilfe suchenden Blick zu. Doch schon im nächsten Moment war ein Prusten zu hören und der Grüne Drache wandte sich abrupt ab. Obwohl er stets zum Lachen aufgelegt war, versuchte er jetzt, ein ernstes Gesicht aufzusetzen, was ihm jedoch misslang.

»Huch?«, sagte Yona mit einem Küchenmesser in der Hand, als sie die Neuankömmlinge bemerkte.

Yun wartete geduldig darauf, dass sie weitersprach. Doch schließlich drehte sie sich wortlos wieder zu ihrem Schneidebrett um.

Neben ihr schüttelte Sinha besorgt den Kopf.

Puh, Sinha hat wirklich eine beruhigende Wirkung ...

Yun wollte dem herzensguten Drachen keine unnötigen Sorgen bereiten. Also nickte er Sinha sachte zu, um ihm zu bedeuten, dass alles in Ordnung war, und trat einen Schritt vor.

»Ihr seid spät!«, erscholl Gijas durchdringende Stimme. Mit verschränkten Armen und ungewöhnlich strenger Miene sah er sie scharf an.

»Habt ihr euch etwa alldieweil verlaufen?«, fragte Jeno lächelnd, der so unbekümmert wirkte wie eh und je. Es schien fast, als hätte er Gijas strenge Pose nur nachgeahmt.

Wie nervig …

Yun war ohnehin müde von dem Ausflug – und jetzt auch noch das.

Seine Wangen zuckten, aber er verbiss sich eine schnoddrige Antwort. Es lag klar auf der Hand, dass es länger dauern würde, Gija zu beschwichtigen. Das wusste er aus eigener Erfahrung.

Also, was nun?

Er schaute flüchtig zur Seite und sein Blick traf den von Hak.

Überlass das mir, schienen seine Augen zu sagen, und Yun nickte zögerlich. Da hoben sich jedoch Haks Mundwinkel kaum merklich und er marschierte an Gija vorbei auf das Zelt zu.

»Moment mal! Ich habe noch kein Wort der Entschuldigung von euch gehört!«, rief Gija.

»Entschuldigung …? Schon gut, ich erkläre es dir«, antwortete Yun gequält grinsend und berichtete in groben Zügen von der Begegnung mit dem weinenden Mädchen auf dem Rückweg. Und dass sie auf ihre Bitte hin einen Jungen und ein Kätzchen aus einem Baum gerettet hatten. Als er mit seiner Schilderung fertig war, murmelte Gija etwas Unverständliches.

Jeaha, der sie aus einiger Entfernung beobachtet hatte, brach in schallendes Gelächter aus, woraufhin Sinha ihm das Küchenmesser wegnahm.

»Das heißt also, ihr habt nicht einfach nur einen Umweg gemacht.«

»Na, ein Glück. Wir hatten schon beratschlagt, ob wir euch alldieweil entgegengehen sollen, wenn ihr nicht bald kommt«, sagte Jeno verblüfft.

»Wa…Wa… Was?!«, stieß Gija entgeistert raus, fasste sich aber sofort wieder und hüstelte gekünstelt, bevor er fortfuhr. »Doch nur weil Hak so unzuverlässig ist. Ich hoffe, das war dir eine Lehre und du nimmst nächstes Mal wieder mich mit, Yun.«

»Wäre wohl besser. Sonst fallen dem Weißen Drachen vor lauter Sorgen noch alle Haare aus«, stichelte Hak.

»Das stimmt doch gar … Yun, schau mal bitte nach! Sind meine Haare in Ordnung? Sind sie, sag schon, sind sie?!«

Gija hielt seinen Kopf zwischen den Händen und kam den Tränen nah auf ihn zugelaufen.

Als Yun dahinter auch noch Jeno auf sich zukommen sah, spielte er seinen letzten Trumpf aus. »Setzt euch! Sonst geht ihr ohne Abendessen ins Bett!«

❋

Trotz der kleineren Reibereien wurde das Abendessen zu guter Letzt doch noch fertig.

Als Yun anfing zu kochen, war er eigentlich bereits mit seinen Kräften am Ende. Aber nachdem Yona und die anderen sich um die Vorbereitungen gekümmert hatten, war es das Mindeste, was er tun konnte.

»Sag mal, Yun, was ist denn in dem Beutel, den du bei dir hast?«, fragte Jeaha mit einem Mal, während er Feuerholz nachlegte.

»Der Inhalt riecht süß …«, sagte der sonst so stille Sinha. Auf seiner Schulter saß Ao und verputzte dessen gegrillten Fisch.

»Was? Oh, das habe ich ganz vergessen. Zum Dank für die Rettung haben wir Dampfnudeln von Yuno bekommen.«

Als Yun den Beutel aufschnürte, ertönten Gijas und Jenos freudige Stimmen: »Sag bloß! Heute gibt es noch etwas Süßes nach dem Essen?«

»Dampfnudeln? Die habe ich ewig nicht gegessen …«

Die beiden freuten sich ehrlich, doch da tadelte sie eine Stimme neben Yun. »Das geht nicht, ihr beiden. Die haben Yun und Hak geschenkt bekommen.«

»Schon gut, Yona. Es sind genug für alle da.«

Yun stand auf, um die Dampfnudeln zu verteilen, da quiekte Ao, um auf sich aufmerksam zu machen.

»Für dich haben wir natürlich auch eine, Ao.«

Als Yun lächelnd den Beutel schwenkte, setzte sich das Hörnchen erleichtert wieder auf Sinhas Schulter und schnaufte vernehmlich. Yun und Yona sahen einander an und lachten.

»Ao ist nicht wählerisch beim Futter, aber Süßigkeiten sind trotzdem etwas Besonderes für sie, was?«

»Scheint so. Wenn sie im Wald Früchte findet, stopft sie sich immer gleich die Backen damit voll.«

Gerade als Yun das gesagt hatte, sprang Ao von Sinhas Schulter und flitzte auf ihn zu. Er grinste, brach eine Dampfnudel entzwei und hielt ihr eine Hälfte hin.

»Die ist schwer wegen der Füllung, lass sie nicht fallen.«

Kwirk, gab Ao nur knapp zurück und biss herzhaft hinein. Während sie eifrig kaute, suchten ihre Augen schon nach der anderen Hälfte.

»Es nimmt dir keiner etwas weg. Lass dir ruhig Zeit beim Essen.«

Ao schnaubte, als hätte sie ihn verstanden.

»Ich verteile die restlichen Dampfnudeln, in Ordnung?«, fragte Yona.

»Ja, danke.«

Als sie den Beutel von Yun entgegengenommen und einen kurzen Blick hineingeworfen hatte, machte sie große Augen.

»Oh! Die sehen genau so aus, wie die, die ich einmal gemacht habe!«, rief sie aufgeregt, wurde aber von Hak übertönt, der sich an seiner Suppe verschluckte und einen Hustenanfall bekam.

Er stellte seine Schale ab und krümmte sich zusammen.

»Oje, geht es dir gut?« Besorgt klopfte Yona ihm auf den Rücken.

Mit gesenktem Blick antwortete Hak: »Erinnert Leute doch nicht so aus dem Nichts an ihre schlimmsten Albträume …«

»A… Albträume …?«, fragte Yona stirnrunzelnd, die sich auf diese Anspielung offenbar keinen Reim machen konnte.

Nachdem Hak ihm die Geschichte erzählt hatte, wusste Yun natürlich, wovon er sprach, doch er täuschte lieber Unwissenheit vor. Wenn er sich als Außenstehender einmischte, würde er nur Öl ins Feuer gießen.

»Verstehe. Jeder hat seine eigene Geschichte, nicht wahr?«, murmelte Jeaha, als wäre ihm gerade ein Licht aufgegangen. Selbst er, der seine Mitmenschen nur zu gern aufzog, hielt sich bei Yona zurück.

Ob Gija und die anderen beiden es wohl auch verstanden haben …?, fragte sich Yun und sah unauffällig zu ihnen hinüber.

Die drei sahen nur fragend in die Runde.

Doch dann kam Jeno offenbar eine Idee und er klatschte mit den Händen.

»Du hast ihre Dampfnudeln gegessen und hattest alldieweil danach Albträume! Stimmt's? Stimmt doch, oder?«, rief Jeno munter, bevor ihn Yun aufhalten konnte.

Gija war sprachlos und auch Sinha erstarrte mit den Essstäbchen in der Hand auf halben Weg zum Mund.

Daneben zog Jeaha eine komische Grimasse vor lauter Anstrengung, sein Lachen zu unterdrücken. Um Schlimmeres zu verhindern, wandte Yun abrupt den Blick ab.

Ich darf jetzt nicht lachen, sonst eskaliert es …, begriff Yun mit jeder Faser seines Körpers.

Die angespannte Atmosphäre prickelte auf seiner Haut. Selbst Ao schien das drohende Unheil zu spüren und kaute immer langsamer. Vor dem letzten Bissen hielt das Hörnchen inne und sah mit seinen Knopfaugen zu Yona.

»Also, was nun, Hak?«, fragte Yona in lauerndem Tonfall, doch mit einem perfekten Lächeln.

Hak setzte ein gleichermaßen makelloses Lächeln auf. »Prinzessin, Eure Kochkünste haben sich beträchtlich verbessert, nicht wahr?«

»Na, wenn du meinst.« Yona lächelte noch breiter, ohne Hak nach seiner ausweichenden Antwort noch weiter mit Fragen in die Enge zu treiben.

Yun hatte das Gefühl, als wäre die Temperatur auf einmal um ein paar Grad gesunken, und schlang die Arme um seinen Körper.

Doch Hak ließ sich nicht beirren und sagte mit provokativer Gelassenheit: »Oh ja. Ich muss mich nach dem Essen gar nicht mehr am Boden wälzen.«

Yonas Dampfnudeln waren offenbar verhängnisvoller gewesen, als Yun sie sich ausgemalt hatte.

Er hielt den Atem an, als Yona neben ihm langsam aufstand. Rasch hob sie den rechten Arm in die Höhe, schwang ihn energisch herab und zeigte mit dem Finger auf Hak.

»Wenn du so darauf bestehst, werde ich mal wieder Dampfnudeln machen und sie dir vorsetzen!«

Woher sollten die Zutaten kommen? Und konnte sich Yona überhaupt noch an das Rezept erinnern?

Unmengen an Fragen schossen Yun innerhalb eines Augenblicks durch den Kopf, die aber gleich wieder von Gijas und Jenos fröhlichen Rufen und Jeahas amüsierter Stimme vertrieben wurden.

Dann war auch noch Sinhas selten erklingende Stimme zu hören. »Ich würde sie auch gerne probieren ...«

Es war nur ein kurzer Satz, aber er verdoppelte Yonas Motivation zweifellos.

Yun warf einen Seitenblick auf Yona, die praktisch schon die Ärmel hochkrempelte, obwohl sie nicht einmal die nötigen Zutaten hatte. Dann atmete er auf und dachte über die Situation nach. *Na, ich kann sie schon verstehen ... Das Vergnügen, für jemand anderen zu kochen. Die Freude, wenn derjenige dein Essen isst.*

Yun empfand das inzwischen noch stärker als zur Zeit seines Zusammenlebens mit Ik-su. Und das lag sicher nicht nur daran, dass sie nun mehr Leute waren.

Es ist gar nicht so schlecht, wenn die »Familie« wächst, murmelte Yun in Gedanken und sah zum Nachthimmel auf, an dem die Sterne funkelten.

Ein prächtiger Vollmond stand am endlosen Firmament und warf sein sanftes Licht auf die Erde.

5.

»Was in aller Welt hat das zu bedeuten?«

Ohne die Trinkschale vor ihm anzurühren, starrte Ju-do den jungen Mann an, der ihm gegenübersaß. Su-won ließ sich von seinem scharfen Blick nicht beeindrucken und lächelte gelassen.

»Vielleicht eine Entschuldigung dafür, dass ich Euch immer so viele Unannehmlichkeiten bereite, General Hang?«

»Fragt doch nicht mich, das solltet Ihr selbst am besten wissen!«

Außerdem war das nicht das, worauf ich hinauswollte ...

Ju-do massierte seine pochenden Schläfen mit den Fingerspitzen und sah finster zu seinem nächtlichen Besucher auf.

»Dieser Sake ist wirklich exquisit. Und er verursacht keinen Kater.«

Aber darum geht es nicht ...!

Fast hätte Ju-do ihn wütend angefahren, aber er beherrschte sich gerade noch. Hätte er es ausgesprochen, hätte er seinem Gegenüber nur in die Karten gespielt. Ob nun aus purer Berechnung oder ohne böse Absichten, Su-won hatte die Gabe, die Menschen um den Finger zu wickeln. Sobald sein Gegenüber die Beherrschung verlor, zog er ihm den Boden unter den Füßen weg.

»Wollt Ihr mich betrunken machen, um Euch dann wieder aus dem Palast zu schleichen?«, versuchte es Ju-do mit einem anderen Ansatz, um herauszufinden, was Su-won im Schilde führte.

Die Frage zeigte eine unerwartete Wirkung. Su-won riss die Augen auf und schlug die Hände vor den Mund.

»Wie ...?«

Nanu? Habe ich ins Schwarze getroffen und ihn tatsächlich einmal aus dem Konzept gebracht? Oder war auch das nur wieder eine Taktik, um mich abzulenken?

Gerade, als Ju-do nachhaken wollte, fiel Su-won vornüber auf den runden Tisch.

»Eure Majestät?!«

Ju-dos Verstand setzte aus. Reflexartig sprang er auf und eilte zu ihm hinüber.

Zum Glück entdeckte er in Su-wons Rücken weder einen Giftpfeil, noch einen Dolch oder ähnliches. Doch seine Schultern, ja sein ganzer Körper zitterte leicht.

Verflucht, etwa Gift ...?!

Unter Umständen konnte selbst eine ungeschickt verursachte, äußere Verletzung lebensgefährlich werden.

Su-won hatte zwar noch nichts von dem Sake getrunken, aber womöglich war ihm etwas ins Abendessen gemischt worden, bevor er hergekommen war.

Ju-do zog Su-won an den Schultern hoch und blickte in sein Gesicht.

»Majestät, Ihr müsst sofort erbrechen!«

»He he he ... Ha ha ha!«

Hatte er sich verhört?

Was da an seine Ohren drang, war kein Schmerzenslaut, sondern ein Lachen.

»Hey!«, rief er schärfer als beabsichtigt. Als sich Su-won dessen ungeachtet weiter den Bauch hielt und zitterte, sagte er noch einmal: »Hey! Ihr werdet doch wohl nicht ...«

»I ... Ich hab Bauchschmerzen ... vor lauter Lachen ...«

»Bitte was?! Jagt mir doch nicht solch einen Schrecken ein ...«

Ju-do war vollkommen fassungslos. Resigniert ließ er Su-wons bebende Schultern los.

»Es tut mir leid. Aber daran seid Ihr selbst schuld, wisst Ihr?«, bemerkte Su-won mit unterdrücktem Lachen und wischte sich ein paar Tränen aus den Augenwinkeln.

Der General hatte keine Ahnung, wovon er sprach. Er vergaß jegliche Etikette, sodass ihm ein barsches »Was?« als Erwiderung herausrutschte.

Immer noch gänzlich unbeirrt fuhr Su-won fort. »›Wollt Ihr mich betrunken machen?‹ Das klingt doch nach etwas, das eine Frau sagen würde. Solche Worte aus Eurem Mund zu hören, General Hang … hi hi, ha ha ha!«

»Ist das denn wirklich so komisch?«, brummte Ju-do.

Er wollte nur noch, dass Su-won sich endlich beruhigte. Da verstummte dessen Lachen jäh. Stattdessen lächelte Su-won ihn nun so breit an, dass Ju-do von einem unguten Gefühl ergriffen wurde.

Er kannte dieses Gefühl. Es war wie bei seinen Konfrontationen mit General Geun-tea I, dem Anführer des Erdklans. Geun-tea hatte ihm einst ganz unverblümt gesagt, dass es nur so amüsant sei, ihn aufzuziehen, weil er so schnell aus der Haut fuhr.

Su-wons Lachen war zwar anders, aber er sprach genauso ungeniert zu ihm. »Es kam so über mich, weil Ihr immer so pflichtbewusst reagiert.«

»Was wollt Ihr damit sagen?«

»Oh? Muss ich das etwa genauer ausführen?«

»Ach, sei still!«, entfuhr es Ju-do unwillkürlich erneut ohne jeden Ausdruck der Höflichkeit.

Aber Su-won nickte folgsam und schwieg tatsächlich.

Wenn er den Mund öffnete, konnte er die Menschen um ihn herum mit einem liebenswürdigen Lächeln in Aufruhr versetzen. Doch wenn er einmal verstummte, wirkte er wie eine seelenlose Puppe.

Wie eine Puppe, oder ...?

Ju-do musste insgeheim grinsen bei diesem seltsamen Vergleich.

Su-wons Gesichtszüge waren objektiv betrachtet viel zu ebenmäßig. Das, gepaart mit dem Kontrast zu seinem üblichen Auftreten, erzeugte zweifellos diesen außergewöhnlichen Eindruck.

Su-won hob mit einer anmutigen Handbewegung die Trinkschale an die Lippen und leerte sie in einem Zug.

»Zum Wohl ...«

Zurück an seinem Platz tat es Ju-do ihm gleich und leerte seine eigene Schale ebenfalls. Als er Su-wons durchdringenden Blick bemerkte, hob er eine Augenbraue und fragte: »Ist etwas nicht in Ordnung?«

Aus dieser kurzen Entfernung musste Su-won ihn gehört haben, doch er antwortete nicht. Offenbar befolgte er noch immer Ju-dos Anweisung zu schweigen. Er hielt die Karaffe mit dem restlichen Sake in die Höhe und legte fragend den Kopf schief.

Ju-do erinnerte sich daran, wie Su-won den Sake vorhin als exquisit bezeichnet hatte, und offenbarte nun murmelnd seine Zustimmung. »Ja ... er ist in der Tat köstlich.«

Das schien die richtige Antwort gewesen zu sein, denn Su-won lächelte zufrieden.

Als Ju-do das sah, stellte er noch einmal seine anfängliche Frage: »Also, was hat das nun zu bedeuten?«

Aber natürlich bekam er keine Antwort. Ju-do kümmerte sich nicht darum und bohrte weiter. »Ich frage erst gar nicht, wie Ihr daran gekommen seid … aber es geht hier wohl kaum einfach nur darum, dass Ihr diesen guten Tropfen, den ihr ergattert habt, zusammen mit jemandem trinken wollt, habe ich recht?«

Ju-do formulierte es als Frage, aber es war vielmehr eine Feststellung.

Schnell hob Su-won eine Hand, als hätte er den subtilen Unterschied bemerkt.

Ju-do nickte und bedeutete ihm, fortzufahren. »Bitte.«

»Es ist sehr wohl so, dass ich mitunter auch diesen vorzüglichen Sake mit Euch trinken wollte, General Hang.«

»Es ist mir eine Ehre.«

»Ihr wirkt so, als würdet Ihr mir nicht glauben. Oder verbergt Ihr nur Eure Verlegenheit?«, fragte Su-won und warf ihm einen forschenden Blick zu.

Ju-do antwortete darauf nicht. Stattdessen goss er wieder Sake in die Trinkschalen und sagte: »Es ist ›auch‹ so, dass Ihr mit mir trinken wolltet? Das heißt also, es gibt noch einen anderen Grund?«

»Ja, schon …« Dabei sah Su-won auf die gefüllte Trinkschale hinab und nickte leicht.

Diese unerwartete Reaktion verblüffte Ju-do so sehr, dass er beinahe seine Schale fallen gelassen hätte.

Ich war mir sicher, er würde der Frage erneut ausweichen …

Konnte es sein, dass er einem entsetzlichen Irrtum erlegen war? Als er sich dieser schrecklichen Möglichkeit bewusst wurde, spürte er das Blut aus seinem Gesicht weichen.

Bisher hatte sich Su-won nie Rat bei Dritten geholt, besonders nicht in Regierungsangelegenheiten. Nicht einmal bei Ju-do, der ihm als einer der fünf Generäle stets zur Seite stand. Deswegen hatte er diese Option gar nicht erst in Betracht gezogen. Vielleicht würde nun ein Thema auf den Tisch kommen, das den Lauf der Geschichte verändern würde.

Er schluckte hart. Dann atmete er kurz durch, um seinen rasenden Herzschlag zu beruhigen, und sah Su-won direkt an.

»Ihr könnt mir alles sagen.«

Er war auf alles gefasst. Und obwohl er es nicht aussprach, schien der junge Mann vor ihm es verstanden zu haben.

Wie erwartet blinzelte Su-won.

»Nein, also, es ist nichts, für das Ihr Euch so wappnen müsstet …«

Hm? Was dann …?, dachte Ju-do irritiert, nickte aber kräftig, um zu bekunden, dass er zu seinem Wort stand.

Also sagte Su-won mit einem gezwungenen Lächeln: »Ich habe ihn mitgebracht, da es Euer Wunsch war, den Inhalt zu überprüfen.«

Mit diesen Worten stellte er den Jutebeutel, den er mittags von dem Mädchen bekommen hatte, auf dem Tisch ab.

Klonk Klapper

Dieses Mal war es Ju-dos Kopf, der auf die Tischplatte knallte.

Was sollte das? Wie irreführend. War es nötig, das so umständlich mitzuteilen?

Beschimpfungen und andere freimütige Erwiderungen gingen ihm durch den Kopf, aber über seine Lippen kam nur eine knappe Frage: »Und was ist nun in dem Beutel?«

»Seht selbst.«

Nach einem kurzen Zögern hob Ju-do schwerfällig den Kopf und streckte die Hand nach dem Beutel aus.

Ganz leicht. Und klein.

Da der Beutel einem Kind gehörte, befand sich vielleicht ein Schmuckgegenstand darin, überlegte er. Aber was er durch den

Stoff fühlte, war hart und kalt.

Was zur Hölle ist das?

Ju-do öffnete vorsichtig den Beutel. Als er den Inhalt sah, verschlug es ihm den Atem.

»Steine?«

Mehr brachte er nicht heraus.

Auf Ju-dos nüchterne Frage nickte Su-won bedächtig.

»Ja. Das ist bestimmt ihr Schatz.«

Da er den Beutel im Austausch gegen das Versprechen eines Wiedersehens bekommen hatte, musste es wohl so sein. Doch das war hier nicht die eigentliche Frage …

Ju-do zögerte einen Moment, ob er Su-won darauf hinweisen sollte. Dann entschied er sich, nicht an dem Thema zu rühren, und stieß einen theatralischen Seufzer aus.

»Da seid Ihr ja noch mal mit dem Leben davongekommen. Wenn das Essen gewesen wäre …«, fing er an, aber Su-wons unbekümmerte Stimme fiel ihm ins Wort.

»Dann wäre gar nichts geschehen, denke ich.«

»Könntet Ihr dasselbe sagen, wenn Euch das Mädchen selbst gemachte Dampfnudeln gegeben hätte? So wie ich Euch kenne, hättet ihr die ohne Vorkoster gegessen, oder etwa nicht?«

Daraufhin machte Su-won ein Gesicht, als hätte es ihm den Atem verschlagen.

Die Reaktion fiel zu lasch aus. Er hatte ihn also nicht wirklich an einer empfindlichen Stelle getroffen. Wenn man so wollte, wirkte er am ehesten überrascht.

Da Ju-do jedoch nicht wusste, welchem Teil seiner Aussage die Reaktion galt, sah er Su-won nur schweigend an.

Nach einer Weile murmelte Su-won seufzend: »Schlussendlich

habe ich nicht ein einziges Mal welche geschenkt bekommen.«

Er sagte nicht, wen oder was er meinte, doch als oberster Kommandant der Leibgarde ging Ju-do am Königshof ein und aus und hatte somit eine gewisse Ahnung.

Der vorige Herr des Hiryu-Palastes hatte manchmal in seinen Taschen Dampfnudeln versteckt. Ju-do hatte viele Male beobachtet, wie er diese dem Jungen zusteckte, der als Leibwache seiner Tochter arbeitete. Selbst dann noch, als aus dem Jungen längst ein junger Mann geworden war.

»Ich werde diese Steine aufbewahren, bis der Moment gekommen ist«, sagte Ju-do. Er legte die Steine, die sich auf seiner Handfläche erwärmt hatten, zurück in den Beutel und verschnürte ihn fest.

Nach einer kurzen Pause nickte Su-won. »Ja, tu das bitte. So gehen sie nicht verloren.«

Als Ju-do ihn lächeln sah, hatte er das Gefühl, einer Antwort nähergekommen zu sein.

Ob unbewusst oder absichtlich. In jedem Fall hatte der junge Mann offenbar aus diesem Grund die Steine zu seinem Besuch mitgebracht.

Das blasse Licht, das sich in seiner Trinkschale spiegelte, lenkte Su-wons Blick aus dem Fenster.

»Ach, ist der Mond nicht wunderschön heute Nacht?«

Statt zu antworten, leerte Ju-do seine Schale.

Seitdem hatte Su-won nie wieder über die Steine gesprochen, die er von dem Mädchen bekommen hatte.

Sie waren von einer hübschen, roten Farbe, so als hätte jemand die Morgendämmerung in ihnen eingeschlossen.

Yona

Unter demselben Mond

Jeahas Beratung und Seelsorge – Fortsetzung

Aus weiter Ferne war das Zwitschern von Vögeln zu hören.

Yun wälzte sich zum wiederholten Male herum und starrte in das Dämmerlicht im Zelt. Wie erwartet war der Schlafplatz neben ihm leer. Er streckte die Hand aus und fühlte, dass die Decke kalt war.

Yona ist also noch immer nicht zurück.

Nur Yona und Yun schliefen im Zelt. Inzwischen war die Prinzessin zwar an das Übernachten unter freiem Himmel gewohnt, aber Yun hatte sich gedacht, dass sie zum Schutz vor dem nächtlichen Tau zumindest ein Zelt haben sollte, und selbst eines aus Stoffbahnen genäht.

»Dann schlafen wir beide also im Zelt?«

»Ich komme schon zurecht, benutz du es, Yona. So viel Platz ist da drinnen schließlich nicht.«

»Oh, keine Sorge. Ich schlafe auch ruhig«, hatte ihm Yona vor der ersten Nacht im Zelt lächelnd entgegnet, als hätte sie vollkommen vergessen, dass er ein Junge war. Sie selbst hegte dabei keine Hintergedanken, aber das machte es nur noch schlimmer.

Ich hätte warten sollen, bis auch das Zelt für die Männer fertig ist, hatte Yun mit einem Seitenblick auf Yonas argloses Gesicht gedacht. Aber dafür war es in dem Moment zu spät gewesen.

Praktisch betrachtet hatte es bereits sehr viel Zeit und Mühe gekostet, nur das eine Zelt anzufertigen.

Allein derart robusten Stoff für ein Zelt zu finden, das groß genug für sechs Männer und ein Eichhörnchen war, wäre schon mühselig. Zudem würde das Nähen eine Menge Zeit in Anspruch nehmen. Die Situation jetzt war immer noch besser, als zuzulassen, dass Yona weiterhin draußen schlief und sich dabei erkältete.

Selbst wenn sie dafür zu zweit auf engem Raum schlafen mussten.

Na ja, außerdem sind unsere Schlafenszeiten leicht verschoben.

Yona wartete immer, bis Yun ruhig schlief, um sich dann auf Zehenspitzen aus dem Zelt zu schleichen.

Heute Nacht wehte ein leichter Wind, also übte sie wohl wieder mit ihrem Bogen.

Mittlerweile war sie so gut geworden, dass sie sogar bewegliche Ziele treffen konnte. Statt sich aber damit zufriedenzugeben, führte sie ihr Training fort, um weiter Fortschritte zu machen.

Es ist schön und gut, dass sie so ehrgeizig ist, aber wenn man sie allein lässt, wird sie unvernünftig.

Er erinnerte sich noch, wie drastisch sie ihren Schlaf reduziert hatte, kurz nachdem sie sich kennengelernt hatten. So oft Yun sie auch ermahnt hatte, hatte sie nur mit blassem Gesicht gelächelt und ihm versichert, es ginge ihr gut.

Sie war zweifellos erpicht darauf zu lernen, sich selbst besser verteidigen zu können.

»Ihr habt Hak-dono als Begleiter zur Seite. Aber wenn er der einzige bleibt, wird er sterben.«

Diese Worte, die ihr Ik-su mit der Prophezeiung verkündet hatte, mussten Yona einen gewaltigen Schock versetzt haben.

Für sie bedeutete das, dass sie kurz nach dem Verlust ihres Vaters womöglich auch noch ihren Kindheitsfreund verlieren würde. Und das nur, weil er sie beschützte.

Das war angesichts von Yonas und Haks Beziehung von Herrin zu Untergebenem vielleicht selbstverständlich, doch Yona konnte sich nicht damit abfinden. Sie, die noch nie ein Schwert oder einen Bogen gehalten hatte, mühte sich jeden Tag ab, um Hak zumindest ein wenig Last von den Schultern zu nehmen.

Bestimmt merkt Yona selbst gar nicht, dass sie sich überanstrengt.

Yun fand diese Seite an ihr zwar liebenswert, aber es bereitete ihm auch Sorgen.

Indem sie die vier Drachen vereint hatte, hatten sich für Hak nicht nur die Strapazen im Kampf, sondern auch in seinem täglichen Dienst als Leibwache erheblich verringert. Dennoch machte Yona keine Anstalten, ihr Bogentraining aufzugeben. Ganz im Gegenteil, sie übte sogar Tag für Tag länger.

Ich wusste es doch. In Awa muss irgendetwas passiert sein …

Die Stadt Awa, wo sie sich bis vor Kurzem aufgehalten hatten, war von Kumji Yan regiert worden. Kumji hatte die Beamten kontrolliert, den Bewohnern unverhältnismäßig hohe Steuern abgeknüpft und mit dem Kaiserreich Kai sogar Menschenhandel betrieben.

Mit der Hilfe von Piraten unter der Führung von Kapitän Gigan hatten sie Kumji den Garaus gemacht.

Als die Menschen nach einem guten Jahrzehnt von seiner Diktatur befreit worden waren, hatten sie Gigan gefragt, wie sie sich erkenntlich zeigen könnten.

»Die Piraten verlangen einen hohen Preis von euch! Genügend Alkohol, damit sich alle Menschen dieser Stadt betrinken können.«

Gigan hatte nicht von einem edlen Tropfen gesprochen, um auf den eigenen Sieg anzustoßen. Sie hatte wortwörtlich gemeint, dass sie mit den Menschen von Awa trinken wollte.

Kapitän Gigan hatte es bestimmt durchschaut.

Auch wenn die Leute nun aus Kumjis Fängen befreit waren, konnten sie nicht ohne Weiteres in ihr voriges Leben zurückkehren. Die von Kummer und Verzweiflung erfüllten Herzen würden nicht über Nacht heilen.

Es war also eine Art Schockbehandlung gewesen, doch mit Sicherheit hatte es jedem Einzelnen von ihnen die Gelegenheit gegeben, sein Lachen wiederzufinden.

Yona hat auch so fröhlich gelacht. Aber am Morgen danach …

Als Yun erwacht war, war Yona fort gewesen. Er erinnerte sich, wie er noch ganz verschlafen mit angesehen hatte, wie Hak mit bleichem Gesicht davongestürmt war, als er ihr Verschwinden bemerkt hatte. Hak war so still vor Wut geworden, sodass Yun sich nicht getraut hatte, ihn anzusprechen.

Schlussendlich habe ich nie gefragt, was da eigentlich los gewesen ist.

Yun hatte die richtige Gelegenheit dafür verpasst, aber eigentlich hatte er auch gar kein Interesse, Yona deswegen noch auszufragen. Tatsächlich glaubte er nicht, dass sie offen mit ihnen über ihre Sorgen sprechen würde, auch wenn er das Jeaha gegenüber nicht geäußert hatte.

Knack

Plötzlich hörte er vor dem Zelt einen Zweig brechen.

Wenn man vom Teufel spricht – offenbar kam Yona zurück.

Wa… Was mach ich jetzt? Ich sollte mich besser schlafend stellen, oder?

Er hätte auch vorgeben können, er wäre von dem Geräusch geweckt worden. Aber wenn sich jetzt ihre Blicke kreuzten, würde ihm vielleicht noch eine unangemessene Bemerkung herausrutschen.

Yun kniff die Augen zusammen und atmete verhalten.

»Nanu, wo ist denn die Prinzessin?«, hörte er eine Stimme sagen, die eindeutig nicht Yonas war.

Yun richtete sich ruckartig auf und sah blondes Haar durch den Spalt am Zelteingang lugen.

»Hey, Jeno, platz hier doch nicht so rein …!«

»Oh, ha ha, tut mir leid!«, entschuldigte sich er Gelbe Drache lachend, sah sich aber dennoch neugierig im Zelt um.

Es war ein unmögliches Benehmen, des nachts ein Mädchen aufzusuchen, aber er hatte offensichtlich etwas auf dem Herzen.

»Yona ist ein wenig spazieren. Eilt es?«

»Nicht wirklich. Ich wollte der Prinzessin nur alldieweil eine gute Nacht wünschen.«

Die Antwort kam so unerwartet, dass Yun schwindelig wurde.

Was soll das denn jetzt?, dachte Yun. Doch bevor er etwas sagen konnte, spähte Gija hinter Jenos Rücken hervor.

»Verstehe, das ist wirklich eine ernste Angelegenheit«, sagte der Weiße Drache. Er nickte mit formeller Miene und legte Jeno eine Hand auf die Schulter. »Jetzt solltest du über dein Verhalten nachdenken und morgen früh die Prinzessin anständig begrüßen.«

»Aber morgens kann ich ihr keine gute Nacht mehr wünschen«, wandte Jeno berechtigterweise ein, worauf Gija nichts zu erwidern wusste.

Noch bevor ihm ein Konter einfiel, bewegte sich der Vorhang des Zelts erneut und Jeaha tauchte auf. Mit einem Blick in die Runde grinste er amüsiert und sagte: »Aber hallo, ganz schön gewagt, sich nachts zu einem Mädchen ins Zelt zu schleichen, was?«

»Zu … Zu einem Mädchen ins Zelt zu schleichen?!«

»Jeaha, beschränke deine Spielchen mit Gija doch bitte auf den Tag.«

»Spielchen? Mit mir?!«

»Gija, hör auf, alles zu wiederholen, und schrei nicht so herum. Du weckst noch Sinha auf.«

Die Erwähnung von Sinhas Namen ließ den Weißen Drachen so abrupt verstummen, dass selbst Yun überrascht war. Aber er hatte schon seit Langem den Eindruck, dass Gija wie ein großer Bruder für den Blauen Drachen sein wollte.

»Ich werde dir alles Wissenswerte über die vier Drachen beibringen! Du kannst mich ruhig großer Bruder nennen«, hatte er damals zu ihm gesagt, als Sinha zu ihnen gestoßen war.

Gija selbst war in der Heimat des Weißen Drachen wohlbehütet aufgezogen worden. Es hatte daher seine Zeit gedauert, bis er sich an die einfachen Mahlzeiten und das Übernachten unter freiem Himmel gewöhnt hatte.

Aber er ist richtig versessen darauf, sich um Sinha zu kümmern.

Auch Jeaha hatte gesagt, sie sollten ihn als großen Bruder betrachten, und gab auf sie acht. Verglichen mit dem offenherzigen Gija war er jedoch schwerer zu durchschauen. Aber auch er sorgte sich auf seine Weise um sie, wie seine »Seelsorge« früher am Tag gezeigt hatte.

Selbst jetzt bemüht er sich, leise zu sprechen, obwohl er eigentlich zum Scherzen aufgelegt ist.

Wäre es helllichter Tag gewesen, wäre Jeaha wohl in schallendes Gelächter ausgebrochen, doch auch er war sorgsam darauf bedacht, Sinha nicht zu wecken.

Jeno dagegen brummte nur »Hm?« und legte fragend den Kopf schief. »Und was ist mit dem Brüderchen mit der Glefe?«

»Wie …?«, sagte Yun verständnislos, bevor er verstand, dass Jeno damit Hak meinte.

Der Gelbe Drache hatte es zwar nicht ausdrücklich gesagt, aber im Grunde spielte er darauf an, dass Hak Yona bei ihrem nächtlichen Training begleiten durfte, obwohl man Jeno davon abgehalten hatte.

Jeaha hatte sich mittlerweile beruhigt und nickte beeindruckt. »Sieh an … Du bist ja aufmerksamer als gedacht.«

»Und du, Grüner Drache? Du weißt doch, wo die Prinzessin steckt, oder nicht?«

Diese Frage traf voll ins Schwarze. Jeno grinste Jeaha unschuldig an.

Nach einer kurzen Pause antwortete dieser schulterzuckend: »Eine helle Mondnacht wie diese ist wie geschaffen für Bogenübungen.«

Dachte ich's mir doch.

Jeahas Antwort leuchtete Yun sofort ein.

Sie hatten nie darüber gesprochen, aber offenbar hatten auch die anderen bemerkt, dass sich Yona nicht nur tagsüber, sondern auch nachts ihrem Bogentraining widmete.

»In jedem Fall haben wir uns da nicht einzumischen«, verkündete Gija wieder mit ernster Miene, um die Diskussion abzuschließen. Doch sobald er es ausgesprochen hatte, verzog er sein Gesicht, als wollte er noch etwas sagen.

»Was denn, wollte der Weiße Drache etwa auch zu Yona?«

»So ist das nicht! Ich würde doch nie …«

»Aber alldieweil ist es eine Gemeinheit, wenn nur das Brüderchen mit der Glefe zu ihr darf«, fügte Jeno hinzu und es war nicht ganz ersichtlich, ob er scherzte oder es ernst meinte.

Darauf fehlte selbst Gija eine passende Antwort. Ein unbehagliches Schweigen trat ein.

Oje … Vielleicht sollte ich ihm zu Hilfe kommen.

Wenn Yun es nicht tat, würden sich sonst noch alle vier Drachen auf die Suche nach der Prinzessin begeben.

Gerade als er den Mund öffnen wollte, um etwas zu sagen,

murmelte Gija stockend: »Ich denke nicht, dass man hier von einer Gemeinheit sprechen kann …«

Jeno starrte Gija an und vergaß ganz, etwas zu erwidern.

Gija hingegen fuhr bestärkt von seinen eigenen Worten fort. »Jeder von uns hat seine Rolle. Und zumindest heute Nacht ist es die von Hak, auf die Prinzessin aufzupassen, damit sie keine Unachtsamkeit begeht – nicht unsere.«

»Gija …« Yun war sprachlos vor Erstaunen über dessen Worte, die so gar nicht zu ihm passten.

Aber Gija selbst schien ebenso überrascht zu sein. Mit einem irgendwie geistesabwesenden Gesichtsausdruck legte er sich die Fingerspitzen auf seinen Mund.

Als plötzlich Stille einkehrte, wandte sich Jeaha langsam um.

»Ah, wie ich's mir dachte, jetzt ist er doch neugierig geworden.«

»Wie?«

Ehe Yun fragen konnte, was er meinte, schwang der Zelteingang erneut auf.

Im blassen Mondlicht schob Sinha sein Gesicht herein und fragte: »Ist etwas mit Yona …?«

Yun befürchtete, dass er auch noch ins Zelt kommen würde, aber er blieb davor stehen. Da sie bereits zu viert in einem Zelt für zwei Personen saßen, schauten Gijas und Jeahas Rücken hinaus, was Sinha aufgefallen sein musste.

»Sinha! Entschuldige, waren wir zu laut? Die Prinzessin ist gerade, nun ja …«, stammelte Gija. Da deutete Sinha still hinter sich.

»Heute ist … Ao draußen …«

Als sie seinem Finger mit dem Blick folgten, sahen sie das von Jeno so genannte Plüschfell des Blauen Drachen. Es hob und senkte sich leicht unter Aos Atem.

Warum redet er über Ao, obwohl es gerade um Yona geht?, wunderte sich Yun, als er jemanden neben sich die Hände zusammenschlagen und rufen hörte: »Ach so, jetzt verstehe ich!«

»Hä? Du hast das verstanden, Gija?«, fragte Yun, woraufJeaha gleich einstieg und in neckendem Ton fragte: »Wirklich? Übernimmst du dich auch nicht?«

Gija lief sofort rot an und wies energisch auf Ao.

»Aber natürlich! Wenn Ao draußen schläft, ist die Sache doch klar!«, verkündete er würdevoll.

Allerdings lieferte er damit eigentlich gar keine Erklärung, zumindest nicht in Yuns Augen. Aber es war ihm zu lästig, Gija darauf aufmerksam zu machen. Ausdruckslos klatschte er langsam in die Hände.

»Wooow, toll.«

Da konnte sich Jeaha nicht länger zurückhalten und prustete los. Tränen stiegen ihm in die Augen, er hielt sich den Bauch und kippte lachend zu Boden.

»D… Die Sache ist klar, sagt er …!«

»Genau so ist es doch, oder?«, sagte Jeno gelassen in Jeahas Gelächter hinein.

Er hatte weder besonders laut gesprochen, noch wirkte er auch nur im mindesten einschüchternd. Dennoch richteten sich bei diesen Worten alle Augen auf ihn. Dieser ließ sich davon nicht aus der Ruhe bringen und fügte leichthin hinzu: »Na, gestern und vorgestern hat Ao doch bei der Prinzessin geschlafen.«

Yun schnappte nach Luft.

Jetzt wo er's sagt. Ao kommt nur in den Nächten ins Zelt, in denen Yona direkt schlafen geht.

In letzter Zeit war es zu ein paar Auseinandersetzungen mit

Banditen gekommen, weswegen sie auf unwegsamen Pfaden reisten. Daher hatte sich selbst Yona mit dem Training zurückgehalten. Andernfalls hätte sie sich verletzen können, wenn sie so erschöpft mit dem Bogen hantiert hätte.

»Verstehe. An Aos Schlafplatz kann man also Yonas Handeln erkennen.«

»Ao versteht die Prinzessin gut«, sagte Gija mit einem anerkennenden Nicken.

Sinha neigte fragend den Kopf.

»Also ist Yona … nichts passiert?«

»Wie? Nein, es wird schon alles in Ordnung sein. Schließlich ist Raiju bei ihr«, antwortete Yun, doch Sinha sah ihn immer noch zweifelnd an.

Irgendetwas schien ihn weiterhin zu beschäftigen, aber wortkarg wie Sinha war, sprach er seine Gedanken nicht aus.

Vermutlich hat er sich gerade nur überwunden zu sprechen, weil es um Yona ging.

Als Yun überlegte, was es sein konnte, das den Blauen Drachen bedrückte, fing Jeaha erneut an zu lachen.

»Was ist denn jetzt wieder?«, fragte Yun.

»Ach, na ja, ich hab's doch gleich gesagt. Wenn Yona weg ist und wir hier im Zelt Radau machen, wird selbst Sinha neugierig.«

»Aha …«, sagte Yun und schluckte die Worte »Darum ging's also« hinunter.

Es war nicht das erste Mal, dass Jeaha sich so umständlich ausdrückte. Anfangs hatte Yun es noch für eine Marotte gehalten. Nachdem er aber an Jeahas Reaktionen gemerkt hatte, dass er sich einen Spaß daraus machte, andere in die Irre zu führen, versuchte Yun diesbezüglich stets eine möglichst gleichgültige Haltung einzunehmen.

»Hey, Yun, hast du nicht mehr zu sagen als ›aha‹? Was für eine schwache Reaktion!«

»Ich habe keine Lust, bei dem Spielchen mitzuspielen. Das kannst du mit Gija machen, wenns denn sein muss.«

»Hmm, aber …« Schulterzuckend wies Jeaha mit dem Kinn auf Gija hinter sich. »Sieh doch mal!«

Yun warf einen kurzen Blick hinter Jeaha und zog eine Grimasse.

»Wa… Was sagst du da?! Wir haben mit unserem Radau Sinhas Nachtruhe gestört?! Es tut mir so leid, bitte entschuldige!«, wimmerte Gija den Tränen nahe, wobei er Sinha an der Schulter packte und schüttelte. Zumindest benutzte er dafür trotz seiner Aufregung nicht seine rechte Drachenhand.

»Was macht ihr? Das sieht alldieweil lustig aus, ich will mitmachen!«, rief Jeno. Sogleich lief er um Gija herum und fing an, gleichermaßen an dessen Schulter zu rütteln.

Da niemand hier war, um sie zu bändigen oder dazwischenzugehen, lief die Situation allmählich aus dem Ruder.

»Tja, so sind sie eben«, sagte Jeaha lachend, als ginge ihn das alles nichts an, was Yun gleich in zweifacher Hinsicht fassungslos machte.

»Meine Güte, muss man denn wirklich bis in die Nacht auf euch Drachen aufpassen?«

»Ihr habt Yona alle wirklich gern, was?«

»Hä?« Yun sah angesichts dieser aus dem Kontext gerissenen Bemerkung perplex zu Jeaha auf.

Der reagierte nicht auf dessen Blick, sondern betrachtete weiter Gija und die anderen mit einem so perfekten Lächeln, als ob er eine Maske tragen würde.

Was geht nur wieder in seinem Kopf vor?

Als Yun ihn forschend anstarrte, wandte sich Jeaha ihm endlich zu. »Was ist los, Yun? Willst du sie denn nicht aufhalten?«

»Will ich nicht. Es heißt doch, ein durchgegangenes Pferd soll man laufen lassen und erst einfangen, wenn es müde ist. Außerdem ...«

Als hätte Jeaha nur auf eine kurze Atempause gewartet, schnitt er Yun das Wort ab: »Gija, Sinha und du wisst doch, dass Yona nachts mit dem Bogen übt, aber ihr gegenüber habt ihr nie etwas gesagt. Bei Jeno ... bin ich mir nicht sicher. Vielleicht war er auch einfach nur besorgt um Yona oder ...«

Er schien mehr zu sich selbst zu sprechen.

Yun überlegte noch, ob er nun etwas einwenden sollte, da stieß Jeaha einen Seufzer aus. »Es gibt viele verschiedene Arten von Zuneigung. Schwer zu sagen.«

»Ja, und ...?«

»Nun, ich denke, wir sollten die zweite Beratung und Seelsorge abhalten.«

»Bitte ...?«, sagte Yun und verdrehte die Augen. Dieser Vorschlag war nicht nur zusammenhangslos, sondern übersprang gleich mehrere Zwischenschritte.

Währenddessen rief Jeaha Gija und den anderen aber schon zu: »Hey, wir beginnen mit der zweiten Sitzung!«

❊

Warum passiert das hier ...?

Wenn das ein Traum war, wollte Yun schnellstens, besser sofort, aufwachen. Er atmete tief ein, schloss sachte die Augen und öffnete sie dann beim Ausatmen wieder. Doch leider bot sich ihm immer noch exakt derselbe Anblick: Im Licht des Mondes saßen sie zu fünft einträchtig im Kreis zusammen.

Daran ist nur dieser wollüstige Drache schuld!

Er funkelte Jeaha neben sich böse an, doch der machte weiterhin ein unbekümmertes Gesicht. Mit einer Wortgewandtheit, die an Zauberei grenzte, zog er das Interesse von Gija und den anderen Drachen auf sich. Sobald alle ihre Aufmerksamkeit auf ihn gerichtet hatten, verkündete er mit melodischer Stimme: »Lasst uns dieses Mal einen anderen Aspekt ansprechen. Wie wäre es, wenn wir darüber reden, welcher Typ Mädchen euch gefällt?«

Bevor Yun lautstark protestieren konnte, legte sich die Hand seines Sitznachbarn über seinen Mund.

Yun versuchte, sie mit beiden Händen wegzureißen, doch Jeahas Finger rührten sich nicht. Stattdessen betrachtete ihr Besitzer gespannt die anderen in der Runde, die nun ernsthaft begannen, darüber nachzudenken.

Dabei war ich so froh, dass sie endlich das Zelt verlassen hatten ...

Doch dann hatten sie Yun mitgezerrt, damit er sich mit ihnen draußen hinsetzte.

Immerhin muss ich ihm zugutehalten, dass er diese Seelsorge abhält.

Allerdings sollte dabei auch der Wille der betreffenden Personen respektiert werden. Und wenn Jeaha sie schon zur Teilnahme nötigte, sollte er zumindest den Zeitpunkt und Ort mit mehr Bedacht wählen. Am wenigsten hinnehmbar war für Yun jedoch Jeahas heuchlerisches Verhalten.

Von wegen »anderer Aspekt«, das ist doch nur ein Vorwand.

Kraftlos klopfte Yun auf Jeahas Hand, um ihm seine Kapitulation zu signalisieren. Jeaha verstand und gab ihn frei.

»Was hast du vor?«, fragte Yun mit gedämpfter Stimme.

Jeaha antwortete mit einem unausstehlich süßlichen Lächeln: »Habe ich doch gesagt, eine Beratung und Seelsorge abhalten.«

»Also weißt du … dafür hast du das Thema aber ziemlich eingeschränkt – und was soll das überhaupt?« Yun sah den Grünen Drachen durchdringend an. Das Lächeln verschwand dennoch nicht aus dessen Gesicht. Vielmehr schien er nur noch unheimlicher zu grinsen.

»Man sagt doch, man kennt sich selbst immer am besten, oder? Wenn du mich fragst, ist das nur eine simple Träumerei, ein kleines Gedankenspiel. Zumindest, solange man nicht ›solch eine Situation‹ herbeiführt.«

Tja, es ist hoffnungslos.

Sie redeten wieder einmal aneinander vorbei. Aber Jeaha hatte offensichtlich auch gar nicht vor, seine Antwort weiter auszuführen.

»So langsam müsste euch doch etwas eingefallen sein. Gija, wie ist es bei dir?«, rief Jeaha.

So unvermittelt angesprochen, zuckte Gija zusammen und stammelte aufgeregt: »Wa… Warte! So aus heiterem Himmel …«

Yun fand, er hätte einfach irgendetwas Beliebiges antworten können, aber das war nicht Gijas Art.

»Ich versteh dich ja, aber es ist wichtig, dass du spontan antwortest.«

»Was meinst du damit?«

»Es ist besser, wenn du nicht zu viel darüber nachdenkst. Das, was dir als Erstes in den Sinn kommt, zeigt eher deine wahren Gefühle, als eine sorgfältig zurechtgelegte Antwort, meinst du nicht auch?«, erklärte Jeaha einleuchtend. Nicht nur Gija, sondern auch Sinha nickte beeindruckt.

Sogar Jeno klatschte in die Hände und rief: »Gut gesagt, Grüner Drache!«

Uff, nur Idioten hier …, dachte Yun.

Er blickte zum Wald, inständig hoffend, dass Yona und Hak schnellstens zurückkommen würden. Dort wogten sanft die Bäume im Wind, doch es war keiner zu sehen.

»Wenn ich antworten muss …«

Oha, er will es wirklich sagen.

Yun kannte Gijas Antwort, ohne dass er es eigens von ihm hören musste. Gija selbst und Yona waren sich dessen vielleicht nicht bewusst, aber für alle anderen war es ganz offensichtlich.

Auch Jeaha wusste es nur zu gut, aber er wollte es wohl unbedingt von ihm selbst hören.

Er ist wirklich boshaft, dachte Yun verdrossen, doch Gija setzte eine ernste Miene auf.

Dann seufzte er theatralisch und machte ein schockierendes Geständnis. »Mädchen, die kein Interesse an mir haben, schätze ich.«

Seit Yun sie kannte, hatte Yona tatsächlich nie in diesem Sinne Interesse an Gija gezeigt.

Aber trotzdem kann man das doch auch besser ausdrücken, oder?!, fragte sich Yun ungläubig.

Jeaha war wie vom Donner gerührt. Seine übliche Gelassenheit war aus seiner Miene gewichen und hatte einem Ausdruck von Erstaunen Platz gemacht.

»Verstehe, der Weiße Drache ist alldieweil genau wie der Grüne Drache.« Es war Jeno, der unerwartet die Stille durchbrach. Als wäre ihm ein Licht aufgegangen, murmelte er immer wieder: »Verstehe, verstehe.«

Da löste sich Jeaha aus seiner Starre. »Was?! Gija soll wie ich sein?«

»Hm? Mögen die vier Drachen auch den gleichen Typ Mädchen?«

»Ich glaube, da gibt es schon noch Unterschiede ...«, merkte Yun ruhig an und musterte Gija eingehend. Ob ihm bewusst war, dass er von Yona gesprochen hatte?

Gija bemerkte seinen Blick und legte fragend den Kopf schief. »Was ist denn? Habe ich etwas Komisches gesagt?«

»Jeder hat seine Vorlieben, daran ist nichts komisch. Ich habe mich nur gewundert, warum du dich ausgerechnet in Mädchen verliebst, die kein Interesse an dir haben.«

»Hm ... Hmm ...«, machte Gija stirnrunzelnd, obwohl er genau das gerade selbst gesagt hatte. Dann legte er den Kopf noch ein wenig schiefer. »Nein ... es ist nicht so, dass ich mich verliebe.«

»Hä?!«, riefen Yun und Jeaha wie aus einem Munde angesichts dieser Kehrtwendung.

Auch Jeno und sogar Sinha sahen Gija verdutzt an.

»Verstehe, du hast die Frage nicht richtig verstanden. Ich meinte damit ein Mädchen, in das ihr euch verlieben könntet«, sagte Jeaha grinsend.

»Jemand, in den man sich verlieben könnte ... Das ist eine schwere Frage«, sagte Gija und fuhr mit angespannter Miene fort. »Als ich noch in meinem Dorf lebte, hat mir Oma bei jeder Gelegenheit mögliche Heiratskandidatinnen vorgestellt. Zum Schluss sind sie geradezu über mich hergefallen ... Ich wusste gar nicht, wie mir geschah ...«

»Erzähl weiter!«, riefen Yun und Jeno.

»Beneidenswert. Aber so eine Verschwendung«, seufzte Jeaha schulterzuckend.

Plötzlich rief Jeno laut »Hier!«, und riss eine Hand in die Höhe.

»Ich mag welche, die leckeres Essen machen!«, verkündete er jauchzend.

Auch Sinha gab bei der Gelegenheit seine Antwort: »Eine freundliche … starke Person …«

»Hey, nicht so schnell!«

Nun fehlten nur noch Jeaha und Yun.

Jeaha wird sicher wieder nicht antworten, also bin ich wohl der Letzte?!

Es brauchte Mut, als Erstes zu antworten, aber auch den Schluss zu bilden, war ziemlich undankbar.

Umso mehr, da sie alle der Reihe nach antworteten und die anderen schon von ihrer Anspannung befreit waren, sodass sich die ganze Aufmerksamkeit nun auf ihn richtete.

»Also, Yun, wie lautet deine Antwort?«, bedrängte ihn Jeaha, aber auch die anderen drei sahen ihn erwartungsvoll an.

Yun spürte, wie er ungewöhnlich hibbelig wurde. Sein Kopf war wie leergefegt, sein Mund öffnete und schloss sich stumm.

Ich könnte einfach das Thema wechseln oder irgendetwas Beliebiges antworten, es gibt genug Möglichkeiten! Warum bin ich dann so …

»Oh … aha?!«

Yun glaubte, Jeahas Absicht erkannt zu haben, und sprang unwillkürlich auf.

Er hatte ihnen unter dem Vorwand der Seelsorge dieses romantische Thema unterbreitet, weil er fest davon überzeugt war, dass sie alle in Yona verliebt waren. Doch Gija und die anderen schienen sich dessen selbst überhaupt nicht bewusst zu sein.

Deswegen hat er also »solch eine Situation« herbeigeführt.

Indem er sie darauf antworten ließ, welche Mädchen sie mochten, wollte er sie mit ihren Gefühlen konfrontieren und ihnen vor allem ihre Gefühle für Yona vergegenwärtigen. Das warf jedoch eine neue Frage auf.

Yun sah auf Jeaha hinab, dessen Augen leuchteten, als hätte er ein neues Spielzeug entdeckt. Er bemerkte Yuns prüfenden Blick und schlug bedauernd die Augenlider nieder.

»Yun, dir scheint es schwerzufallen, also sollte ich vielleicht zuerst antworten?«

»Huch, du willst tatsächlich etwas sagen?«, entfuhr es Yun, der Jeaha gerade hatte fragen wollen.

Ganz im Gegensatz zu Yuns Unruhe, erklärte Jeaha in theatralischem Tonfall: »Aber natürlich! Es wäre doch unfair, wenn ich es als Einziger für mich behalten würde.«

»Was ist das denn für eine Versammlung?«, wurde er von einer Stimme aus Richtung des Waldes übertönt. Es war natürlich Hak.

»Nanu?! Warum sitzt ihr hier alle zusammen?«, fragte Yona verwundert und vergaß dabei ganz, den Bogen zu verstecken, der über ihrer Schulter hing.

»Oh, Prinzessin! Gute Nacht!«

»Wie? Äh, gute Nacht …«, sagte Yona verdattert und sah Jeno mit großen Augen nach, der sofort aufstand und verschwand, da sein Anliegen ja nun erledigt war.

Yona gegenüber ist es zwar nicht ganz fair, aber ich bin froh, dass ihr Auftauchen vom Thema abgelenkt hat, dachte Yun und atmete erleichtert auf.

Doch da sagte Gija: »Prinzessin, es ist keine große Sache, nur eine Fortsetzung der Beratung und Seelsorge von heute Mittag, könnte man sagen. Jeaha hat uns gefragt, welche Mädchen wir mögen …«

»Ach!« – »Oha!«, riefen Yona und Hak gleichzeitig, doch in ganz unterschiedlichem Tonfall.

Yun spürte die explosive Stimmung, die von Hak ausging, und wich langsam zurück.

»Und? Was hat der Perversling geantwortet?«

»Nun, ich war gerade an der Reihe, als ihr zurückgekommen seid. Wollt ihr es hören? Wollt ihr hören, welchen Frauentyp ich mag?«, fragte Jeaha.

»Prinzessin, Schlafmangel ist Gift für die Schönheit. Legt Euch schlafen«, sagte Hak und wollte Yona weiterschieben.

Jeaha wirkte nur umso amüsierter, da Hak ihn vollkommen links liegen ließ, und setzte hinzu: »Dann lass doch mal hören, wer dir so gefällt, Hak.«

Yona blieb wie angewurzelt stehen. Um nicht in sie hineinzulaufen, musste auch Hak zwangsläufig stehenbleiben.

»Wenn du nicht antworten kannst, heißt das wohl, dass du einen recht individuellen Geschmack hast, was?« Es wirkte, als wollte Jeaha bewusst weiter Öl ins Feuer gießen.

Yun und die anderen sahen voller Spannung zu. Es wirkte fast so, als wollte Jeaha eher einen Streit provozieren, statt sich zu amüsieren.

Als Hak Yonas Blick bemerkte, stieß er einen Seufzer aus. Dann drehte er sich langsam zu dem Grünen Drachen um, öffnete die zusammengepressten Lippen und antwortete: »Frauen, die mir nicht auf die Nerven gehen.«

»Sonst nichts? Schöne Beine, ein zierlicher Körperbau oder so etwas?«, bohrte Jeaha weiter, ungeachtet des bösen Blicks, den er dafür von der Donnerbestie erntete.

Doch Hak hatte das offenbar schon erwartet und entgegnete ihm lässig: »Na ja, bestenfalls ist sie verschmust.«

Ah, das war's dann wohl, dachte Yun sofort. Doch Yonas Reaktion war lediglich ein nüchternes: »Ach, so etwas mögen Männer also, hm?«

»Was, mehr hast du dazu nicht zu sagen?«, rutschte es Yun unwillkürlich heraus, worauf Yona nur mit unbeteiligter Miene nickte.

Doch dann schien ihr ein Gedanke zu kommen und sie sah zu Hak auf.

»Hak, wenn du mal wieder ein Etablissement wie das in Awa besuchen möchtest, habe ich nichts dagegen«, sagte Yona und ging ohne ein weiteres Wort zurück ins Zelt.

Zu wissen, dass sie es nicht böse, sondern ehrlich meinte, fand Yun nur noch schlimmer. Es wäre etwas anderes gewesen, hätte in Yonas arglosem Blick zumindest ein Anflug von Eifersucht gelegen. Doch so klang es in seinen Ohren vielmehr, als würde sie in Wahrheit denken, dass sie genau aus solchen Gründen Männer unmöglich fand.

»Sag mal, war das gerade ein Ablenkungsmanöver?«, wandte sich Jeaha an Hak, sobald Yona im Zelt verschwunden war.

Worauf Hak nur ein patziges »Was?« zurückgab.

»Wenn du nicht sagst, dass sie für mich nicht infrage kommt, kann ich meine Gefühle womöglich nicht mehr zurückhalten.«

»Du hattest gar nicht vor zu antworten, hab ich recht? Denn dann würdest du dir wohl oder übel deiner Gefühle bewusst werden und dich erst recht nicht zurückhalten können.«

Zwischen den beiden schienen Blitze hin und her zu fliegen.

Sinha sah Gija besorgt an, doch sein Drachenbruder schüttelte nur schweigend den Kopf. Auch Yun wagte nicht, sich einzumischen, und beobachtete stumm ihren Wortwechsel.

»Ich liebe alle Frauen gleich«, sagte Jeaha nach einer Weile mit seinem üblichen Lächeln.

Das konnte man kaum als Vorliebe bezeichnen, aber die Antwort war typisch für den Grünen Drachen.

Hak schnaubte und ließ abrupt die erhobene Faust sinken.

Zum Glück haben sie nicht auch noch angefangen, sich zu prügeln, dachte Yun aufatmend, bevor er seinen Irrtum bemerkte. Denn Hak und Jeaha setzten ein schelmisches Grinsen auf, dass die bedrohliche Stimmung sofort vertrieb. Die beiden hatten gar nicht vorgehabt, ernsthaft Streit anzufangen. All das war ein einziges Ablenkungsmanöver gewesen.

»Letzten Endes ist Kapitän Gigan für dich die Nummer eins, oder?«, scherzte Hak.

Jeaha antwortete lachend: »Gigan ist natürlich eine Klasse für sich. Sie kann zutreten wie keine andere.«

❊

Während alle zu ihren Schlafplätzen zurückkehrten, sprach Yun Jeaha an. »Da hat Raiju gut gekontert, was?«

»Kennst du nicht das Sprichwort? Der Klügere gibt nach.«

»Wie?«, fragte Yun und zog die Augenbrauen kraus, da sie wieder einmal aneinander vorbeizureden schienen.

Jeaha fuhr unbeirrt fort: »Stell dir einen Faden vor. Wenn du gewaltsam daran ziehst, kann der gespannte Faden leicht reißen. Damit es nicht dazu kommt, muss man mit seinen Kräften haushalten.«

Dachte ich's mir doch, murmelte Yun in Gedanken.

»Wenn man sich selbst nicht versteht, sind die Gefühle anderer Leute noch rätselhafter, oder?«, erwiderte Yun.

Jeaha schien seine zusammenhangslose Antwort verstanden zu haben. Er lachte verhalten und sagte dann: »Wohl wahr.«

Als Yun wieder allein war, sah er zum wolkenlosen Nachthimmel auf. Mit schmalen Augen blickte er ins sanfte Mondlicht und lächelte.

Morgen verhieß ein schöner Tag zu werden.

Nachwort

Ich freue mich sehr über die Light Novel zu Yona – Prinzessin der Morgendämmerung! Ich hoffe, dass euch diese neuen Seiten von Yona, Hak und Su-won viel Vergnügen bereitet haben. Persönlich hatte ich am meisten Spaß mit Su-wons und Ju-dos Gezanke, welches im Manga kaum Raum findet. Touko Fujitani und allen, die Yona lieben, bin ich von Herzen dankbar!

Mizuho Kusanagi

Nachwort

Vielen Dank, dass du diese Light Novel gelesen hast. Hat sie dir gefallen? Als Fan des Mangas *Yona – Prinzessin der Morgendämmerung* habe ich diese Geschichte unter dem Gesichtspunkt geschrieben, wie Geschehnisse ablaufen könnten, die im Original nicht beschrieben werden. Natürlich hatte Mizuho Kusanagi dabei die redaktionelle Leitung, aber sie hat mir stets mit ihren freundlichen Worten Mut gemacht und mir wirklich unglaublich viele Freiheiten beim Schreiben gelassen. Sinngemäß sagte sie zu mir: »Von mir aus kannst du auch eine Schulparodie schreiben« – um mal eine Vorstellung davon zu vermitteln, wie großherzig Frau Kusanagi ist und wie viel Freiraum ich hatte.

Dafür bin ich ihr wirklich dankbar! Nachdem ich hin und her überlegt habe, kam schlussendlich diese Geschichte dabei heraus. Aber jedes Mal, wenn ich mir die Illustrationen im fünften Band des Originals von Yona, Hak und Gija in Schuluniform ansehe, denke ich, ich hätte mich vielleicht doch an einer Schulparodie versuchen sollen. Irgendwann würde ich auch gerne mal Tea-jun und Heuk-chi in Schuluniform sehen ...!

Zum Schluss möchte ich mich noch herzlich bei Mizuho Kusanagi, den zuständigen Redakteuren, Kanda von Yugi Design und allen, die an diesem Buch mitgewirkt haben, bedanken. Es war mir wahrlich eine Ehre, an einer Geschichte zur wundervollen Serie *Yona – Prinzessin der Morgendämmerung* zu arbeiten. Vielen Dank!

Touko Fujitani

SWORD ART ONLINE – LIGHT NOVEL

Reki Kawahara / abec

Dein Spiel, dein Leben!

Wir schreiben das Jahr 2022: Gamer auf der ganzen Welt warten gespannt auf das neue Virtual-Reality-Game *Sword Art Online*, in dem man die Spielewelt so real wie nie zuvor erleben kann! Doch als die Spieler in Massen online gehen, stellen sie geschockt fest, dass es keine Möglichkeit zum Log-out gibt. Eine Rückkehr in die Realität ist ihnen nur möglich, wenn sie das Game komplett durchspielen. Doch ein Game Over in der Welt von Aincrad bedeutet den Tod im wirklichen Leben!

TOKYOPOP®

www.tokyopop.de

1
TOKYOPOP
DIE KIRSCHBLÜTEN PRINZESSIN
Yuki Shiraishi